A ARBITRAGEM EMPRESARIAL NO BRASIL

uma análise pela nova
Sociologia Econômica do Direito

M149a Machado, Rafael Bicca
A arbitragem empresarial no Brasil: uma análise pela nova sociologia econômica do direito / Rafael Bicca Machado. – Porto Alegre: Livraria do Advogado Editora, 2009.
149 p.; 21 cm.
ISBN 978-85-7348-633-9

1. Arbitragem comercial. 2. Direito econômico. I. Título.

CDU – 341.63

Índices para catálogo sistemático:
Direito econômico   34:33
Arbitragem comercial   341.63

(Bibliotecária responsável: Marta Roberto, CRB-10/652)

Rafael Bicca Machado

A ARBITRAGEM EMPRESARIAL NO BRASIL

uma análise pela nova
Sociologia Econômica do Direito

Porto Alegre, 2009

© Rafael Bicca Machado, 2009

Capa, projeto gráfico e diagramação
Livraria do Advogado Editora

Revisão
Rosane Marques Borba

Direitos desta edição reservados por
Livraria do Advogado Editora Ltda.
Rua Riachuelo, 1338
90010-273 Porto Alegre RS
Fone/fax: 0800-51-7522
editora@livrariadoadvogado.com.br
www.doadvogado.com.br

Impresso no Brasil / Printed in Brazil

Dedico este livro ao meu avô,
Eduardo Fernandes Bicca.

Neste momento desta publicação, eu não poderia deixar de agradecer a algumas pessoas:

Ao meu orientador e amigo, Professor Doutor Hermílio Pereira dos Santos Filho, de enorme competência e paciência para me orientar ao longo de todo este trabalho;

Aos Professores Doutores Carlos Alberto Carmona (Direito/USP) e Ricardo Mariano (Ciências Sociais/PUCRS), que gentilmente integraram a banca examinadora da dissertação que deu origem ao livro;

Aos demais professores do Programa de Pós-Graduação em Ciências Sociais da PUC/RS e também aos meus colegas de mestrado;

Aos amigos e colegas da Comissão Especial de Arbitragem da OAB/RS, na pessoa do seu Presidente, Ricardo Ranzolin;

Aos meus amigos Cristiano Rosa de Carvalho e Luciano Benetti Timm, referências do estudo de Direito e Economia no Brasil;

E, por fim, aos meus familiares: pai, mãe, irmãos, à Arlete e, claro, à minha mulher Vanessa e ao nosso cachorro Bóris.

Prefácio

A arbitragem é, antes e acima de tudo, um fenômeno social.

A crise do Poder Judiciário, somada à crise do processo, levam a população à procura de outros mecanismos de solução de litígios que não dependam da estrutura e da autoridade do Estado. O desenvolvimento da arbitragem em nosso país é, portanto, sintoma importante de maturidade: os brasileiros começam a sentir que é possível viver tranquilamente em sociedade sem a opressiva e onipresente presença ostensiva da força do Estado.

Como professor de Direito Processual Civil, acostumei-me a estudar a arbitragem sempre do ponto de vista estritamente técnico, encarando-a sob a perspectiva de um sistema *multiportas* de solução de litígios que paulatinamente vai se ampliando no Brasil.

A partir dos anos 80, com efeito, lançaram-se as bases sólidas para o desenvolvimento dos chamados meios alternativos de solução de litígios. Floresceram os juizados informais de conciliação, criaram-se os juizados especiais de pequenas causas (hoje juizados especiais cíveis e criminais), fortaleceram-se os poderes conciliatórios dos juízes togados (reformas dos artigos 125 e 331 do Código de Processo Civil). Pavimentou-se, portanto, o caminho para a promulgação – em 23 de setembro de 1996 – da Lei de Arbitragem. Restava saber, porém, se a nova legislação conseguiria implantar a cultura arbitral no país, já que a simples existência de uma boa lei não seria suficiente para estimular um povo acostumado à pompa e circunstância das cortes e tribunais a abrir mão da aparência de eficiência transmitida pelo aparato estatal para tentar uma fórmula nova – mais rápida, mais direta, mais informal e com premissas consensuadas – de resolução de litígios.

Passados doze anos da promulgação da Lei de Arbitragem, já existem algumas respostas para os anseios e dúvidas que pairavam em Brasília no exato instante em que o Presidente da República firmava o novo texto e dava-o a conhecer à Nação. Em muitos Estados da federação, a arbitragem tornou-se uma constante e já se nota que em algumas espécies de contratos societários, comerciais ou civis (como os acordos de acionistas, as transações que envolvem a aquisição de quotas ou ações, as *joint ventures*, os contratos de empreitada de maior porte, para fixar alguns exemplos) as partes sistematicamente escolhem a arbitragem como mecanismo destinado à solução de eventuais litígios futuros. Ao mesmo tempo, diversas universidades brasileiras abriram disciplinas de graduação e de pós-graduação para discussão dos mais diversos aspectos da arbitragem e as editora, que há pouco mais de uma década, ignoravam o tema, começaram a despejar no mercado refrescantes catadupas de papel versando os mais diversos temas ligados à arbitragem. Pelo menos duas revistas estão sendo editadas para divulgar textos e julgados relativos à arbitragem e multiplicaram-se país afora os centros, câmaras e cortes arbitrais. Tudo isso é muito estimulante!

Quando fui convidado a participar da banca de exame da dissertação de mestrado de Rafael Bicca Machado, na Faculdade de Ciências Sociais da Pontifícia Universidade Católica do Rio Grande do Sul, em Porto Alegre, aceitei o desafio: seria – como de fato foi – uma oportunidade excelente de discutir a arbitragem com especialistas de outra área que não a do Direito. Foi gratificante discutir com o autor da dissertação, que agora vem a público, aspectos sociológicos, políticos e econômicos da arbitragem, aspectos esses que nem sempre são vistos pelos juristas com a necessária atenção. A sólida formação jurídica de Rafael Bicca Machado, por outro lado, permitiu-lhe transitar com eficiência entre três mundos: abordou, com proficiência, os aspectos jurídicos da arbitragem; fixou com precisão o contexto sociológico em que se ancorou a nova Lei; e demonstrou com clareza as vantagens político-econômicas de solucionar litígios por especialistas, com maior rapidez e sigilo, em tempos de globalização galopante.

Ao jovem autor, os meus cumprimentos pela obra; ao leitor, a recomendação de uma leitura crítica e atenta de um trabalho provocativo e original

São Paulo, setembro de 2008, 12° ano da promulgação da Lei de Arbitragem.

Carlos Alberto Carmona

Professor Doutor do Departamento de Direito
Processual da Faculdade de Direito da Universidade de São Paulo

Sumário

Apresentação – *Herminio Santos* 15

1. Introdução 17

2. A sociologia da economia 21
   2.1. As principais influências de Weber e Parsons para a sociologia econômica 23
   2.2. A importância do contrato na vida econômica 27
   2.3. A racionalidade limitada e o problema do *enforcement* dos contratos 30
   2.4. A nova sociologia econômica do direito 32
   2.5. Jurisdição estatal, arbitragem e mediação 35
   2.6. Arbitragem, liberalismo e globalização 41

3. A arbitragem como saída? 53
   3.1. Saída, voz e lealdade: Albert O. Hirschman 54
   3.2. A "criação" da arbitragem no Brasil: a Lei 9.307/96 61
   3.3. A arbitragem e a Lei 9.307/96 como uma "saída" em relação ao Poder Judiciário 67
   3.4. O ambiente de surgimento da saída 74
   3.5. Alguns dos motivos pelos quais a arbitragem pode ser vista como uma opção de saída 80
       3.5.1. A maior similitude de pensamento entre os árbitros e os empresários, do que entre os juízes e os empresários 82
       3.5.2. A possibilidade de escolha do árbitro pelas partes: a existência de *accountability vertical* 86
       3.5.3. O pequeno mundo da arbitragem como um incentivo à razoabilidade nas decisões 89
       3.5.4. A especialização dos árbitros e o consequente aumento de previsibilidade 91

4. A pesquisa realizada 95
4.1. A globalização e os contratos internacionais 96
4.2. O pequeno mundo da arbitragem 100
4.3. O acesso à justiça 101
4.4. Arbitragem e neoliberalismo 104
4.5. Contratos incompletos e economia 105
4.6. Arbitragem e a crise do judiciário 110

5. Conclusões 113

Referências 117

Anexo A – Entrevista com Selma Ferreira Lemes 123
Anexo B – Entrevista com Carlos Alberto Carmona 135

Apresentação

Arbitragem: quando a sociologia encontra-se com a economia e o direito

A relevância de uma disciplina acadêmica pode ser avaliada, por um lado, pela capacidade de construção de conceitos e teorias para o entendimento de fenômenos sociais reais. Por outro lado, sua relevância deve ser igualmente aquilatada por sua habilidade para o diálogo com outras disciplinas. Assim se deu o surgimento das principais disciplinas das ciências sociais, aplicadas ou não; e nessa direção parecem apontar as possibilidades mais consistentes e promissoras para a compreensão dos mais importantes problemas das sociedades contemporâneas. Nesse sentido, é cada vez mais frequente encontrarmos pesquisas que se valem precisamente do potencial desse diálogo entre disciplinas, como, aliás, é possível identificar entre os autores consagrados da sociologia, como é o caso de Max Weber, Talcott Parsons, Alfred Schütz e tantos outros.

No presente texto, intitulado "A Arbitragem Empresarial no Brasil: uma análise pela nova Sociologia Econômica do Direito", Rafael Bicca Machado propôs-se a um triplo diálogo: entre sociologia, direito e economia. O caminho percorrido pelo autor é sinuoso e arriscado, tendo em vista que realizar competentemente uma pesquisa ancorada exclusivamente em uma única disciplina acadêmica já possui suas já conhecidas dificuldades; o que dizer da investigação que pressupõe o manuseio de teorias e literaturas oriundas desses três campos de análise, com tradições amplamente reconhecidas? O leitor encontrará aqui um texto à altura do que foi proposto pelo autor para a compreensão do mecanismo para a solução de conflitos conhecido como "arbitragem".

Embora a legislação brasileira de arbitragem como instrumento para a resolução de conflitos empresariais conte com pouco mais de uma década de existência, pouquíssimos têm sido aqueles que, na sociologia, procuram oferecer um entendimento desse que vem se tornando um mecanismo cada vez mais usual entre organizações empresariais, tanto públicas quanto privadas. Dentre as qualidades do presente texto está justamente a disposição e a competência do autor em oferecer ao público brasileiro uma análise sociológica da arbitragem, instrumento que explicita a inserção da sociedade e da economia brasileiras no mundo globalizado.

Hermílio Santos

Professor do Programa de Pós-Graduação
em Ciências Sociais da PUCRS

1. Introdução

Este livro é a versão revisada da dissertação que apresentei, em março de 2007, à PUC/RS para a obtenção do diploma de Mestre em Ciências Sociais.

Ao texto original acrescentei basicamente as sugestões feitas pela banca examinadora, composta pelo Professor Doutor Carlos Alberto Carmona, da Faculdade de Direito da USP, e pelos Professores Doutores Ricardo Mariano e Hermílio Pereira dos Santos Filho, ambos das Ciências Sociais da PUC/RS.

Em resumo, o livro se propõe a analisar o desenvolvimento da arbitragem no Brasil, a partir da análise da Lei 9.307/96, utilizando-se especialmente dos conceitos de *saída*, *voz* e *lealdade*, de Albert O. Hirschman.

A escolha do tema da arbitragem, com essa abordagem, tem como origem questionamentos como: que condições levaram à edição da "Nova Lei de Arbitragem"? Quais fatores fizeram com que esta questão voltasse aos debates jurídicos, se desde o século XVII o instituto já estava presente na legislação brasileira, ainda que praticamente sem utilização? Seria a arbitragem um reflexo da globalização? Mais um movimento de privatização "neoliberal"? Existiram relações entre a arbitragem e a chamada crise do Poder Judiciário? Por que a arbitragem seria uma alternativa à jurisdição estatal?

No livro, é constante a referência à bibliografia das Ciências Socais (mais especificamente da Sociologia) e da Economia e do Direito, em algo que busca se aproximar do que

Richard Swedberg (2003) chama de uma "nova sociologia econômica do direito".

O livro inicia com uma abordagem sobre as características principais da sociologia econômica, listando seus autores mais influentes, seu desenvolvimento e seu corpo básico de ideias. Nesse momento, passa-se por alguns dos conceitos-chave de sociólogos como Weber, Parsons e Durkheim, analisando a forma como estes trataram dos fenômenos econômicos. Em seguida, fiz algumas observações sobre as contribuições mais recentes na área da sociologia econômica, tentando, ainda, analisar a forma como essas teorias abordam questões jurídicas fundamentais, como o contrato.

Ainda neste primeiro capítulo, há uma descrição do instituto da arbitragem, para diferenciá-la de outros métodos de resolução de litígios (como a mediação) e para aclarar as peculiaridades do procedimento arbitral, especificando pontos como: em que tipo de causas ela é viável, quem são os árbitros, como eles julgam, entre outros. Finalizando esse primeiro capítulo, algumas linhas entre a arbitragem e o liberalismo (e/ou neoliberalismo) e a arbitragem e a globalização. Embora essa discussão não seja o foco central do trabalho, pareceu recomendável trabalhá-la, ainda que de forma sucinta, até como forma de expor as premissas adotadas ao longo do livro.

No segundo capítulo, adentra-se ao cerne do estudo, analisando as relações entre a arbitragem e a crise do Poder Judiciário. Nesse ponto, utilizei os conceitos de *saída*, *voz* e *lealdade* de Albert O. Hirschman, para tentar, assim, compreender o desenvolvimento recente da arbitragem no Brasil. Apresentei, ainda, as razões pelas quais a arbitragem, na década de 90, pode ser definida como o surgimento de uma espécie de alternativa de saída ao Poder Judiciário – utilizando o conceito de *saída* tal qual desenvolvido por Hirschman – diante dos problemas que enfrentava (e ainda enfrenta). Em seguida, passei a analisar os motivos pelos quais a arbitragem conseguia se postar como uma alternativa de saída, em comparação com o Judiciário. Nesse ponto, portanto, apontei

– utilizando aqui, basicamente, os fundamentos das teorias descritas no primeiro capítulo – quais eram as vantagens da arbitragem apontadas por aqueles que a defendiam.

No terceiro e último capítulo, por sua vez, há o cotejo das lições teóricas dos capítulos anteriores, com a pesquisa realizada, especialmente as entrevistas feitas com dois dos três juristas brasileiros que elaboraram o Projeto da Lei 9.307/96, conjugando-as com a análise do modo como a bibliografia jurídica tratou e ainda trata o tema da arbitragem, no que diz com as questões suscitadas ao longo do texto.

Por fim, vale destacar que a primeira ideia mais geral sobre esse trabalho remonta à própria seleção para o ingresso no Mestrado em Ciências Sociais da PUC/RS, uma vez que estudando para a seleção desse programa tive o primeiro contato com o texto "Saída, voz e lealdade: reações ao declínio de firmas, organizações e estados" que, em 2004, constava como leitura obrigatória para tal procedimento seletivo. A partir de algumas reflexões, iniciei, com o auxílio de meu orientador, Professor Doutor Hermílio Pereira dos Santos Filho, algumas formulações de hipóteses tentando constatar a amplitude da aplicação dos conceitos utilizados nesse livro, especialmente na área do Direito e da Economia.

Nesse ponto, iniciei pesquisando alguns textos neoinstitucionalistas, destacando o manual *The New Institutionalism in Sociology*, editado pela Stanford University Press, nos quais fui, aos poucos, tendo acesso a trabalhos mais recentes sobre a sociologia econômica. Em seguida, obtive acesso a outras obras, especialmente o *Handbook of Economic Sociology*, editado pela Princeton University Press, adquirindo, em seguida, a imensa maioria das obras citadas neste livro e que estavam disponíveis para aquisição.

Concomitantemente a isso, haja vista que o tema já se delineava em caminhos que aproximavam a Sociologia com a Economia e o Direito, busquei acesso também a todo um conjunto de obras que, nos últimos anos, vêm buscando estabelecer relações entre o Direito e a Economia, no movimento hoje conhecido como *Law and Economics*. Este material foi bastante útil, pois em certa medida, a meu ver, há um razoável grau de aproximação desse movimento com a *New Economic Sociology* e mesmo com o movimento neoinstitucionalista.

Além dessa bibliografia mais recente, como já dito, me detive em alguns aspectos das obras clássicas de Talcott Parsons e de Max Weber, no que diz com essas relações entre Direito, Economia e Sociedade. A utilização desses autores forneceu uma base mais sólida para o desenvolvimento do trabalho, eis que a bibliografia antes citada, mais recente, parece ainda carecer de uma consolidação mais efetiva. A escolha do tema da arbitragem, ademais, se deu na medida em que – como se espera fique claro ao longo do trabalho – esse instituto pareceu servir bem a um estudo de sociologia econômica do direito, por conta de suas características. Além disso, merece destaque que a Lei de Arbitragem é de setembro de 1996, logo, recentemente fez 10 (dez) anos da edição da lei, a justificar, acredita-se, um trabalho que analisasse o ambiente de seu surgimento.

Afora o trabalho de pesquisa bibliográfica, optei por tentar buscar algumas informações junto aos atores que se acredita sejam os mais importantes do grupo que trabalhou para a edição da Lei 9.307/96. Nesse sentido, foi feito contato com os 03 (três) juristas que trabalharam na elaboração do projeto de lei: Selma Ferreira Lemes, Carlos Alberto Carmona e Pedro Baptista Martins. Desses, não consegui entrevistar apenas o último, por problema de agenda. Os dois primeiros gentilmente se dispuseram a conceder entrevistas.

Finalmente, em complementação às informações das entrevistas, busquei, ainda, a bibliografia (inclusive dos próprios juristas citados) publicada após a edição da lei, como forma de tentar localizar os comentários que à época foram feitos, para contextualizar o debate sobre o tema da arbitragem, na época de edição da referida lei.

2. A sociologia da economia

O estudo de assuntos econômicos é algo presente, de uma forma ou de outra, desde o início da Sociologia, em pensadores e/ou sociólogos de peso, como Marx, Weber e Durkheim.

Sobre Marx, basta que se recorde de sua obra *O capital*, de enorme influência ao longo de todo o século XX, em que realiza uma ampla análise do sistema capitalista, desenvolvendo temas como: a teoria do valor-trabalho, o conceito de mais-valia (diretamente relacionado com o processo de divisão do trabalho), a acumulação de capital, entre outros.

Em Weber, de *A ética protestante e o espírito do capitalismo* e *Economia e Sociedade*, encontra-se, inicialmente, a tentativa de relacionar o desenvolvimento de um tipo de capitalismo (que ele chama de capitalismo racional) com a influência da ética ascética do protestantismo; bem como o objetivo de interpretar os atos econômicos considerando-os, antes de tudo, como frutos de uma ação social econômica.

Já em Durkheim destaca-se, por exemplo, sua conhecida obra *Da divisão do trabalho social*, que trata dos vínculos de solidariedade existentes em sociedades que, ao longo do tempo, passam a ter um modo de produção mais complexo,[1] em que prospera uma maior especialização das tarefas econômicas, redutora da autonomia individual.

---

[1] Sobre este tema da divisão do trabalho é impossível não fazer referência à célebre obra de Adam Smith (2003).

São obras que, ora o fazendo diretamente, ora indiretamente, analisam questões econômicas essenciais, reconhecendo, nesse sentido, a importância que os fenômenos econômicos adquiriram, e vêm adquirindo, ao longo do tempo.

Como afirmam Smelser e Swedberg (2005, p. 7), houve, por parte desses "clássicos" da sociologia, uma inegável preocupação em se debruçar sobre questões como: Qual o papel da economia na sociedade? Em que a análise sociológica da economia se difere da dos economistas? O que é uma ação econômica? Em certa medida, essas eram as questões básicas que nortearam os trabalhos deste período, denominado por Swedberg, em *Principles of Economic Sociology* (2003), de "os clássicos da sociologia econômica", e que ainda hoje influenciam enormemente os trabalhos nesta área.

Depois desse período dos clássicos, Swedberg destaca o período que ele chama de "intermediário", fazendo referência aos estudos de Joseph Schumpeter, Karl Polanyi e Talcott Parsons (2003, p. 23). Dentre estes, utiliza-se aqui o trabalho de Parsons, já que sua contribuição à sociologia econômica é bastante considerável (embora muitas vezes despercebida), pois ao trabalhar com os conceitos de sistema, meio ambiente, trocas intersistêmicas, *outputs*, *inputs*, entre outros, acabou por fornecer um ferramental analítico bastante interessante às análises sociológicas da economia.

Parece, ainda, não ser coincidência o fato de Neil J. Smelser, seu parceiro no importante livro *Economy and Society*, de 1956, ser um dos mais importantes sociológicos econômicos da atualidade, com forte presença e atuação na retomada da (nova) sociologia econômica, a partir das décadas de 70 e 80.

Após esse período "intermediário", a sociologia da economia voltou à tona com um movimento identificado como "a nova sociologia econômica", podendo se utilizar como referência o trabalho publicado em 1985 por Mark Granoveter, intitulado *Economic Action and Social Structure: the problem of embeddedness*. Ainda neste ano, em um encontro na *American Sociological Association*, Granoveter fala sobre a necessidade de uma *new economic sociology*, nome com o qual então passa este movimento a ser conhecido (Swedberg, 2003, p. 32).

De um modo geral, Swedberg afirma não serem claros os motivos pelos quais a sociologia econômica ressurge nesse período, afirmando que provavelmente vários fatores contribuíram para tanto. De qualquer modo, faz ele referência expressa ao surgimento, naquela época, de uma chamada "ideologia neoliberal", com os governos Reagan e Thatcher, fazendo com que a Economia e os economistas fossem levados ao centro das discussões (2003, p. 32).

Diz o autor – o mais destacado nessa abordagem da nova sociologia econômica do direito – que também nessa época alguns economistas importantes como: Gary Becker, Albert O. Hirschman, Douglas North, Thomas Schelling e Oliver Williamson passaram a dedicar atenção a questões sociológicas, fazendo com que "ficasse no ar" a noção de que deveria haver uma reciprocidade por parte dos sociólogos; e foi o que, efetivamente, acabou acontecendo (2003, p. 32).

2.1. As principais influências de Weber e Parsons para a sociologia econômica

Feitos esses brevíssimos apontamentos, volta-se agora, ainda que também de forma sucinta, a algumas das importantes contribuições de Max Weber e de Talcott Parsons para o desenvolvimento do tema. Embora se tenha, anteriormente, feito referência a outros autores, a escolha em aprofundar um pouco mais os trabalhos de Weber e Parsons se dá porque suas contribuições oferecem importantes ferramentas para a análise do objeto central do presente estudo, que é a arbitragem empresarial.

Sobre a escolha de Weber, desde já cabe ser referida a enorme importância, ainda hoje, de seu clássico *Economia e Sociedade*, visível na medida em que se constata a própria bibliografia produzida mais recentemente na área, uma vez que, em praticamente todas as obras, há referência aos trabalhos de Max Weber. Nesse sentido, apenas para exemplificar, vejam-se os trabalhos de Smelser e Swedberg; Victor Nee; Edelman e Stryker no *The handbook of economic sociology* (2005); de Dobbin em *The new economic sociologic*: a reader (2004); de Gillén, Collins, England e Meyer em *The new economic sociologic*: developments in an emerging field (2002); de Nee e Ingran e Hamilton e Feenstra em *The new institutionalism in sociology* (2001), em que, de modo geral, reconhece-se a grande importância de Weber como um dos precursores da sociologia econômica, e também das relações entre direito, economia e instituições; sem falar nos textos de Gravonetter; Swedberg; Portes e Sensenbrenner; e Collins em *The sociology of economic life* (2001), em que a noção weberiana de ação social econômica é relacionada com o conceito de *embeddedness*, bastante utilizado nos estudos mais recentes da sociologia econômica.

Cabe recordar, ainda, na medida em que o presente trabalho pretende se enquadrar num tipo de sociologia econômica do direito, que Weber ingressou para a história como sociólogo, mas teve a base de sua formação em Direito (chegando a assumir a cadeira de Direito Comercial na Universidade de Berlim); ainda, ao longo de sua vida, sempre se identificou publicamente como economista (Granovetter e Swedberg, 2001), chegando até a assumir como professor dessa disciplina nas Universidades de Freiburg e de Heidelberg (Swedberg, 2001).

Nessa interface entre a Economia e o Direito, parece que uma das contribuições mais importantes de Weber esteja na relação por ele estabelecida entre o desenvolvimento do capitalismo ocidental e um tipo específico de sistema jurídico, na medida em que, para ele, o direito era algo central à sociedade capitalista (Swedberg, 2005, 155).

Conforme Weber, não era qualquer tipo de direito o essencial ao bom desenvolvimento de um sistema capitalista. Para ele, o tipo de direito que correspondia ao desenvolvimento do capitalismo era um direito previsível, por meio do qual é possível aumentar a probabilidade de que uma ação venha a ocorrer no futuro. Não é à toa, inclusive, que Weber identifica que grupos burgueses tiveram um papel ativo na tentativa de criar um direito mais previsível, já que, segundo ele, ao ambiente de negócios interessa um direito inequívoco, claro, livre de arbítrio administrativo irracional e de perturbações irracionais por parte de privilégios concretos: direito que, antes de mais nada, garanta de forma segura o caráter juridicamente obrigatório de contratos e que, em virtude de todas estas qualidades, funcione de forma calculável (1999, p. 129).

Além disso, não se pode esquecer, ainda, que a eficiência (que é um tema frequente nas recentes análises do movimento de aproximação entre Economia e Direito) era uma forte preocupação weberiana, na medida em que "a inspiração da administração burocrática, tal como surge depurada e estilizada nas análises de Weber, é inequivocamente a eficiência – e é nesse sentido, naturalmente, que administração burocrática é sinônimo de administração racional" (Reis, 2000, p. 306).

O sistema burocrático weberiano tinha esta pretensão: de se mostrar como o modo mais eficiente de organização, em que prepondera o conhecimento técnico; aquele pelo qual "o caminho melhor, e mais eficiente seria escolhido para produzir determinado resultado" (Giddens, 2004, p. 350). Nesse sentido, Giddens salienta que "Weber acreditava que quanto mais uma organização se aproxima do tipo ideal de burocracia tanto mais eficaz será na persecução dos objetivos para os quais foi criada" (2004, p. 351).

Essa noção de burocracia, por sua vez, acaba por influenciar sobremaneira a concepção weberiana do direito, como algo que deva ser essencialmente calculável, ou "formalmente racional", sem o qual fica inviabilizado o desenvolvimento do capitalismo "racional" (Swedberg, 2005, p. 167).

Já com relação a Parsons, a escolha se dá por entender-se que seus ensinamentos, embora muitas vezes isso não seja expressamente reconhecido, são absolutamente fundamentais quando se tem em mente que um dos pontos mais importantes desses movimentos, que agora aproximam sociologia, economia e direito, está justamente na aceitação de que estes, embora sejam (relativamente) autônomos, se relacionam e se influenciam entre si, em um indisfarçável uso da visão sistêmica parsoniana.

Na verdade, nesse trabalho, as lições de Parsons acabam por funcionar como uma espécie de elo entre as diversas correntes doutrinárias utilizadas, na medida em que, como se pretende demonstrar ao longo da dissertação, a noção sistêmica de Parsons serve de forma adequada como suporte para as aproximações e diálogos que se pretende travar entre Sociologia, Direito e Economia.

Além disso, tal qual Weber, Talcott Parsons também sempre teve relações bastante próximas com a Economia, seja na LSE – *London School of Economics*, seja depois, na Universidade de Harvard, onde durante um bom tempo permaneceu junto ao Departamento de Economia (Quintanero; Oliveira, 2002).

No que interessa aqui, o trabalho que merece maior destaque é o que Parsons realizou, juntamente com Neil Smelser, com o título *Economy and Society*. Nessa obra, os autores se dedicam a analisar a economia, utilizando para tanto, basicamente, os conceitos elaborados por Parsons em seus trabalhos anteriores, especialmente o seu quadro AGIL das quatro funções de uma sociedade: "A – *Adaptation*; G – *Goal Gratification*; I – *Integration* e L – *Latent-pattern maintenance and tension management*" (1965, p. 19).

Trabalhando com sua noção sistêmica da ação social, Parsons "concebe as sociedades complexas como sendo compostas por quatro subsistemas (economia, político, socialização e comunidade societária), sendo que cada um deles teria uma função a cumprir" (Santos, 2005a, p. 24). Aplicando-se essas quatro funções a um sistema social, Parsons atribui à economia a função de adaptação de um sistema social e ao direito, por sua vez, a função de integração do sistema social. Esse modelo de sistema social parece ser de fundamental importância ao se identificar que ele contém a premissa de que, embora sejam subsistemas distintos (e com funções distintas), eles se influenciam mutuamente, uma vez que, para Parsons, cada um dos demais subsistemas é sempre o meio ambiente com o qual cada um dos subsistemas, isoladamente tomado, se relaciona.

Há, portanto, em Parsons, um certo compartilhamento com a concepção weberiana de que direito e economia mutuamente se influenciam. Assim se dá porque, embora classificados por Parsons como subsistemas distintos, não são estes isolados. A concepção sistêmica de Parsons, ao mesmo tempo em que propõe uma razoável segmentação do sistema social, em suas diversas funções, pressupõe, sem qualquer contradição, uma forte dinâmica de troca entre os diversos subsistemas existentes. Trocas intersistêmicas essas que acabam por influenciar os diversos subsistemas.

Em outras palavras, há um sistema dinâmico no qual cada um dos *outputs* de um subsistema é recebido como um *input* pelos demais subsistemas (que se comportam como o meio do ambiente do primeiro), estabelecendo-se, com isso, uma forte relação, por exemplo, entre as funções adaptativas (economia) e integrativas (direito) de um sistema social.

Assim como Weber, que afirma que "o contrato é a principal fonte da relação entre a ação econômica e o direito" (Swedberg, 2005, p. 162), para Parsons e Smelser esse relacionamento entre a economia e o direito se dá muito por intermédio da figura do contrato, que vem a ser "a base institucional para uma estrutura de mercado" (1965, p. 105), na medida em que possibilita que as promessas e os acordos firmados sejam cumpridos, ponto esse que se passará agora a analisar, face à sua direta relação com o tema da arbitragem.

2.2. A importância do contrato na vida econômica

Adentrando ao tema dos contratos, como necessária introdução ao tema da arbitragem empresarial, propõe-se, agora, uma breve recordação de alguns dos apontamentos de Émile Durkheim em sua conhecida obra *Da divisão do trabalho social*. Nesta, Durkheim identificou um fenômeno de mudança do tipo de solidariedade presente nas sociedades, à medida que, dentre outros, o tipo de atividade desempenhada por elas vai se modificando. Disse ele que, ao passo que as sociedades vão se tornando mais complexas (com uma maior especialização dos papéis dos indivíduos), os vínculos de união entre estes vão se alterando. O autor chama isso de uma mudança de um tipo de solidariedade mecânica, para uma solidariedade do tipo orgânica. Essa mudança ocorre porque a especialização da atividade traz como consequência o nascimento de um maior grau de dependência de um indivíduo para com os outros.

Quanto mais se retrocede no tempo, vê-se que o homem conseguia, ainda que com limitações, manter-se e desenvolver sua vida em uma situação, se não isolada, ao menos bastante limitada com relação ao número de relações sociais. Essas, de um modo geral, centravam-se basicamente na família, que assumia uma importantíssima função econômica, na medida em que era ela a fornecedora por excelência da mão-de-obra necessária à subsistência do grupo. Quando aumenta a especialização, com a divisão do trabalho social, tem-se um aumento de produtividade; ou seja, o mesmo grupo, com o mesmo número de pessoas, passa a produzir mais bens do que antes. E com isso, automaticamente, tem-se um incentivo para que, pouco a pouco, passem a se expandir as relações sociais daquele grupo. É que como agora há uma "sobra" decorrente desse aumento de produtividade, a necessidade econômica de negociar essa "sobra" acaba por conduzir os indivíduos a buscar, em outros grupos, aqueles que tenham interesses no excedente; para que, negociando-as, possam obter, em troca, bens que lhes faltam.

Portanto, essa divisão do trabalho social, que traz um aumento de produtividade pela especialização, acaba por ser um forte estímulo à troca, ao escambo, e com isso, pouco a pouco, não só aumenta o número de relações sociais de cada grupo, como a dependência entre eles, à medida que esse processo é incrementado.

Ocorre que essa expansão das relações econômicas – antes centrada na família e agora contemplando cada vez mais outros grupos e indivíduos – traz consigo um problema que, em certa medida, se não era de todo desconhecido, no mínimo era pouco vivenciado. Esse problema se relaciona com a necessidade, decorrente desse conjunto de modificações fruto da divisão do trabalho social, de que as promessas e os pactos firmados entre os diferentes indivíduos sejam cumpridos.

Ora, parece claro que, de um modo geral, os indivíduos que são "conhecidos" entre si – usando aqui, por exemplo, o caso da família – normalmente nutrem maior confiança em transacionar entre si, do que com aqueles que lhes são "desconhecidos". Imagine-se, nos dias atuais, o pedido de um empréstimo de uma quantia de dinheiro, para ser devolvida pelo devedor em algumas semanas. Parece certo que, na média, se confia mais que o empréstimo será pago quando o devedor é alguém que priva de nossas relações sociais, do que alguém que acabamos de conhecer na via pública.

Nesse sentido, portanto, a intensificação das relações econômicas com indivíduos "desconhecidos", que passa a ocorrer com mais intensidade com o incremento da divisão do trabalho social, ao mesmo tempo em que traz um aumento de produtividade, traz, ao seu lado, também, uma esperada desconfiança sobre o cumprimento de promessas e acordos. Mas, então, como solucionar esse problema?

Surge aí, com mais clareza, a importância central que os contratos adquirem para a vida econômica (Macedo, 2006), à medida que vai se estabelecendo um maior conjunto de trocas entre indivíduos e grupos; ou seja, quando um "mercado" – aqui entendido como um espaço, formal ou informal, de trocas entre pessoas desconhecidas – vai se desenvolvendo. Assim se dá porque o contrato acaba assumindo essa função de regular o universo das trocas, fornecendo um conjunto de regras para os intercâmbios socioeconômicos. Nesse sentido, portanto, o desenvolvimento dos contratos é consequência do fenômeno de divisão do trabalho social (Parsons; Smelser, 1965, p. 104), já que acaba por incentivar o aumento das trocas econômicas entre os indivíduos, cada vez mais diferentes e desconhecidos entre si.

2.3. A racionalidade limitada e o problema do *enforcement* dos contratos

Se o tema dos contratos era reconhecidamente importante para a sociologia econômica de Weber e Parsons (e do próprio Durkheim), apenas mais recentemente passou-se a se trabalhar com outros pontos atinentes a esse tema, até então não explorados adequadamente, que vem a ser a limitação do contrato e a tarefa de interpretação e cumprimento do contrato.

Sobre a limitação dos contratos, a grande novidade está no conceito de racionalidade limitada, desenvolvido por Herbert Simon. O que vem a ser isso? Simon trabalha com a premissa de rejeição ao pressuposto neoclássico de que o homem é capaz de, a cada evento ou relação social, efetuar um perfeito cálculo aritmético com o objetivo de tomar a melhor decisão possível naquela situação. Dessa forma, "os atores humanos buscam ser racionais, mas apenas conseguem sê-lo de modo limitado" (Williamson, 2005, p. 21). Ou seja, embora sejam os homens racionais, esse conceito de racionalidade há de ser de forma limitada, porque o indivíduo é incapaz de realizar essa operação matemática perfeita.

Disso decorre que, dada uma determinada situação de escolha a um indivíduo, existem inúmeros constrangimentos que impossibilitam que ele tome, sempre, a melhor decisão possível: seja porque ele não possui todas as informações para tomar essas decisões (informações essas que podem nem existir); seja porque, ainda que elas existissem, a obtenção dessas informações é custosa ao indivíduo, e crescerá proporcionalmente à necessidade de se obtê-las para a realização desse (impossível) cálculo perfeito. Isso sem falar nas próprias preferências do indivíduo, que afetam sua escolha, e que não podem ser compreendidas sem considerar a estrutura social em que a ação social e econômica está enraizada,[2] como afirmam Edelman e Stryker (2005).

Mas qual a consequência do reconhecimento da racionalidade limitada para o estudo dos contratos? Os contratos, basicamente, caracterizam-se por promessas feitas pelos indivíduos ou grupos, e o estabelecimento de regras de forma a tentar prever (e regular) possíveis eventos que ocorrerão no futuro.

Sendo assim, na medida em que a racionalidade é limitada, lembra Décio Zylbersztajn, os contratos serão sempre necessariamente incompletos, contendo lacunas inevitáveis (2005, p. 8), pois é impossível estabelecer um contrato perfeito, no sentido de que todas as hipóteses estarão lá previstas, já que a própria noção da racionalidade é limitada. Tem-se, com isso, a importante noção de que os contratos, como instituição-base em uma economia de mercado, são intrinsecamente incompletos, o que faz com que, automaticamente, venha à tona o tema da interpretação dos contratos.

Em um pressuposto de racionalidade ilimitada, o contrato seria completo; não existiriam lacunas. Logo, qualquer situação que viesse a ocorrer no mundo dos fatos estaria prevista naquele contrato. E com isso, eventuais discussões sobre sua interpretação seriam reduzidas, já que o contrato firmado entre as partes estabeleceria, previamente, o modo de resolver uma eventual questão surgida. Mas e se a racionalidade é limitada, e os contratos são incompletos? Ora, necessariamente existirão eventos fáticos não previstos no contrato. Haverá, como já dito, lacunas. Como preencher essas lacunas? Quem as preencherá? São questões tormentosas e que, de um modo mais específico, serão trabalhadas adiante, ao se adentrar ao tema da arbitragem.

Tem-se, ainda, ao lado do problema da limitação dos contratos e de sua interpretação, o reconhecimento de que

---

[2] Utilizando aqui uma possível tradução para o termo *embeddedness*.

o cumprimento de um contrato também é uma questão problemática. Isso se dá porque não basta contratar. Há que se respeitar o que foi contratado. Ou seja, além da variável introduzida pela limitação da racionalidade (e dos problemas decorrentes da interpretação dos contratos) tem-se ainda que enfrentar o reconhecimento de que, por vezes e pelos mais diversos motivos, inúmeros contratos são descumpridos. E esse potencial descumprimento de um contrato é algo perturbador a um sistema de trocas. Ingressa-se, com isso, na discussão sobre os mecanismos institucionais de *enforcement* de um contrato, tema este tão presente nas análises da chamada escola econômica neoinstitucionalista. O tema das instituições, portanto, vem à tona, já que estas, dependendo de suas configurações, atuam com maior ou menor eficiência para fazer cumprir as promessas estabelecidas em um contrato, com reflexos diretos no desempenho econômico e social de uma sociedade (Pinheiro e Saddi, 2005).

2.4. A nova sociologia econômica do direito

Ao abordar o tema dos contratos, passa-se, em certa medida, a tratar de alguns dos temas que permeiam hoje em dia o debate sociológico sobre a economia. De um modo geral, pode-se dizer que existem pelo menos quatro escolas de pensamento que, embora distintas entre si, acabam – de algum modo – por se agrupar e se relacionar, ainda que apenas no tocante a essa preocupação renovada de tentar estudar e compreender as interfaces entre os fenômenos econômicos, jurídicos e sociais: *New Institutionalism in Sociology*, *New Economic Sociology*, *New Institutional Economics* e *Law and Economics*.

Ao elaborar o prefácio de uma das mais importantes obras[3] sobre o *New Institutionalism in Sociology*, Merton (2001)

---

[3] Trata-se do prefácio (p. xii) ao livro *New Institutionalism in Sociology*, editado por Mary C. Briton e Victor Nee (professores da Cornell University), pela Stanford University Press, Califórnia, 2001, obra que contém artigos de vários autores, resultado de uma série de debates e conferências realizadas na Stanford University.

reconhece que este movimento possui ligações bastante próximas à chamada *New Institutional Economics*, originada principalmente dos trabalhos de Ronald Coase, Herbert Simon e, mais recentemente, de Gary Becker, Oliver Williamson e Douglas North. A proximidade entre esses movimentos se põe na medida em que, conforme lembra Victor Nee (2001), ambos – embora tenham suas peculiaridades – trabalham com as noções de informação incompleta, racionalidade limitada e transações custosas, nas relações sociais e econômicas. A esses dois movimentos juntam-se as escolas de *Law and Economics* e a chamada *New Economic Sociology*, as quais, embora possuam posições diversas entre si, acabam, de um modo geral, por também trabalhar com os conceitos acima referidos, conforme recorda Richard Swedberg (2005).

A novidade dessas escolas, por certo, não está na pura e simples aproximação entre sociologia, economia e direito – para tanto basta que se vejam os importantíssimos ensinamentos de Weber, Durkheim e Parsons, já tratados anteriormente. O que vem a ser a efetiva novidade desses movimentos – eis que apenas em 2000 a *American Sociological Association* criou formalmente uma seção de Sociologia da Economia (Fligstein, 2002) – é a proposta de uma nova abordagem no estudo das instituições (Powell e Dimaggio, 1991), reconhecendo que elas são importantes para a análise das relações sociais e econômicas (porque moldam as estruturas de incentivos) e que – em consequência - entender as instituições e as mudanças institucionais deve ser uma agenda comum das Ciências Sociais (Nee, 2005).

Além da inegável influência de Weber (Swedberg, 2003) e Parsons (Nee, 2005), esses movimentos, como já referido, têm como ponto de encontro comum as noções de racionalidade limitada, de Herbert Simon, e de custos de transação, desenvolvida inicialmente por Ronald Coase, e detalhada em Oliver Williamson e outros.

Os estudos sobre os custos de transação originaram-se da própria adoção da racionalidade limitada de Simon, e compõem o ponto chave para as escolas da *New Institutional*

Economics e da *Law and Economics* (Pinheiro e Saddi, 2005). Isso porque não fazia sentido, como lembra Coase, falar em estudos dos custos de transação enquanto se mantinham os pressupostos neoclássicos, já que nestes os custos eram arbitrariamente fixados como inexistentes (Zylbersztajn e Sztajn, 2005).

Sobre os custos de transação, vale dizer que, na clara definição de Rachel Sztajn, são aqueles custos em que se incorre, que de alguma forma oneram a operação, mesmo quando não representados por dispêndios financeiros feitos pelos agentes, mas que decorrem do conjunto de medidas tomadas para realizar uma transação (2005, p. 320).

Em um ambiente de racionalidade limitada, o domínio das informações é sempre incompleto. Como consequência, o custo dessas informações – que são limitadas – é positivo, já que elas passam a ter valor, na medida em que atuam no sentido de auxiliar os indivíduos a aumentar o seu grau de racionalidade, ou no mínimo diminuindo uma situação de assimetria informacional. Nessa situação, aflora o papel das instituições (aqui entendidas de forma bastante ampla, como regras formais e informais de constrangimento das decisões), já que estas têm como função primordial tentar reduzir os custos de transação, aumentando, com isso, o fluxo de relações econômicas ou sociais entre os grupos e os indivíduos.

Adotando esse contexto como base para análises, embora existam divergências entre si, fixa-se esse conjunto de conceitos, compartilhados pelas quatro escolas de pensamento antes referidas, que vêm a ser, basicamente, as noções de custos de transação, racionalidade limitada e instituições. E no momento em que se propõe uma abordagem sociológica, utilizando esses novos conceitos, para analisar fenômenos jurídico-legais (que é justamente a proposta desse trabalho), está-se a propor algo que se poderia chamar de a "nova sociologia econômica do direito", na forma sugerida por Swedberg (2003).

O que se pretende, portanto, no prosseguimento desse estudo, e principalmente a partir do segundo capítulo, é que, tendo por base a teoria desenvolvida por Albert O. Hirschman em *Saída, Voz e Lealdade,* analisar a arbitragem e a Lei 9.307/96 à luz, principalmente, desses importantes conceitos de custos de transação, racionalidade limitada e instituições, mais identificados com a sociologia econômica recente, sem olvidar-se, entretanto, até pela sua atual e forte influência, das concepções sociológicas mais tradicionais, de Weber, Parsons e Durkheim, que acabam por funcionar como um verdadeiro pano de fundo para o que aqui se propõe a analisar.

2.5. Jurisdição estatal, arbitragem e mediação

Expostos os pontos anteriores, cabe agora explicitar, resumidamente, o que vem a ser e como funciona a arbitragem, de modo que se possa chegar ao cerne do presente trabalho, no próximo capítulo, ou seja, nas relações entre a arbitragem e o Poder Judiciário, à luz dos conceitos de Albert O. Hirschman.

Na literatura nacional, uma definição clássica de arbitragem é a fornecida por Carlos Alberto Carmona:

> A arbitragem, de forma ampla, é uma técnica para solução de controvérsias, através da intervenção de uma ou mais pessoas, que recebem seus poderes de uma convenção privada, decidindo com base nesta convenção, sem intervenção do Estado, sendo a decisão destinada a assumir a eficácia de sentença judicial (1993, p. 16).

Em outras palavras, a arbitragem é uma técnica de solução de conflitos entre pessoas físicas ou jurídicas. Tendo diante de si um conflito, caso esse não se resolva de forma amigável (com um acordo, por exemplo), de um modo geral, o que resta às partes é buscar a salvaguarda de seus direitos junto ao Poder Judiciário. Cada parte, então, seja de forma direta (quando é possível), seja por intermédio de um advogado, pode ingressar com uma ação judicial, junto ao Poder Judiciário, pleiteando a um juiz que conceda o que lhe for de direito.

No caso brasileiro, vale ressaltar que os juízes do Poder Judiciário, que apreciarão o pedido das partes, são funcionários públicos (estaduais ou federais, dependendo do tipo de causa em questão), aprovados por meio de concurso público,[4] tendo como requisito para sua assunção no cargo, além da aprovação no respectivo concurso, a conclusão do curso de Direito e, a partir de 2004, terem também no mínimo três anos de atividade jurídica.

No que mais interessa aqui, vale ressaltar que os juízes estatais não são eleitos pelas partes. Isto é, quando o indivíduo "A" ingressa com uma ação contra "B", junto ao Poder Judiciário, não tem o primeiro o poder de escolher ser julgado por este ou aquele julgador, independentemente do motivo apresentado. Embora existam alguns critérios para definir quais são os juízes que estão aptos a apreciar as causas, os chamados "critérios de competência", estes dizem apenas com a natureza das causas, o valor dessas, o endereço das partes, entre outros.

Assim, fixados os critérios de competência, a escolha de um juiz, dentre os inúmeros aptos a apreciar a causa, se dá por sorteio. No momento em que o processo judicial é distribuído junto ao Poder Judiciário, isto é, que a causa tem início, faz-se um sorteio informatizado, para ver para qual dos juízes "caiu" aquela ação. Em suma, portanto, no Poder Judiciário, o juiz que julgará a causa não é escolhido pelas partes, mas sim por intermédio de um sorteio; logo, não há participação das partes no processo de escolha do julgador.

A arbitragem dá-se de forma diferente. Embora seja um mecanismo de resolução de conflitos, a forma como são resolvidos difere do Poder Judiciário. E, além disso, desde logo deve ser dito que, no Brasil, nem todos os conflitos podem ser resolvidos por meio de arbitragem. Somente podem ser objeto de arbitragem aquelas causas que digam com os chamados direitos patrimoniais disponíveis. Segundo Carmona (2006, p. 56), "diz-se que um direito é disponível quando ele pode ser ou não exercido livremente pelo seu titular, sem que

---

[4] Excetuando-se a previsão do artigo 94 da Constituição Federal.

haja norma cogente impondo o cumprimento do preceito, sob pena de nulidade ou anulabilidade do ato praticado com sua infringência. Assim, são disponíveis (do latim *disponere*, dispor, pôr em vários lugares, regular) aqueles bens que podem ser livremente alienados ou negociados, por encontrarem-se desembaraçados, tendo o alienante plena capacidade jurídica para tanto".

Portanto, desde logo é importante ficar claro que a arbitragem, no Brasil, é impossível de ser feita em causas, por exemplo, que digam com crimes, com separações familiares, guarda de filhos, entre outras.[5] A arbitragem, em resumo, é legalmente viável em causas de cunho econômico (patrimoniais), que seriam passíveis de acordo entre as partes (por isso, disponíveis).

No Brasil, a arbitragem pode ser instituída pelas partes em dois momentos distintos: (a) antes de surgir o conflito, com o que se denomina de cláusula compromissória; ou (b) depois do conflito já instaurado, com o chamado compromisso arbitral. A cláusula compromissória, como o próprio nome diz, é uma cláusula, a ser inserida em um contrato, em que se estabelece algo como "surgindo algum tipo de litígio a ser resolvido entre as partes, esses serão resolvidos pela via da arbitragem".

Evidentemente que tais cláusulas podem ser mais ou menos completas (chamadas tecnicamente de cláusulas abertas ou fechadas), mas, em resumo, elas nada mais são do que uma manifestação de vontade das partes de que, caso surja um conflito acerca do contrato a ser assinado, ao invés de utilizarem o Poder Judiciário, farão um procedimento arbitral. Já o compromisso arbitral, por sua vez, dá-se quando o conflito já existe. As partes estão diante de um conflito específico, que envolve direito patrimonial disponível, e de livre

---

[5] Há uma forte discussão sobre a viabilidade ou não da arbitragem ser utilizada para dirimir conflitos de direito do trabalho. Embora não seja objeto do presente trabalho, apenas a título de informação, vale dizer que, atualmente, a jurisprudência parece estar se inclinando para aceitá-la em apenas duas condições: nas causas coletivas, isto é, entre sindicatos de patrões e empregados, e naqueles casos em que o vínculo de trabalho já foi rompido, isto é, quando o trabalhador não está mais empregado.

e comum acordo decidem que, ao invés de litigarem junto ao Poder Judiciário, optarão pela realização da arbitragem.

Considera-se fundamental, ainda, ressaltar que tal escolha pela arbitragem para a resolução dos conflitos tem de se dar, necessariamente, por todas as partes envolvidas. Ou seja, para que a arbitragem seja estabelecida, todos têm de escolhê-la. De nada adianta, portanto, que apenas uma parte queira a arbitragem. Se a outra parte não quiser, ela não ocorrerá. A arbitragem somente terá validade se as partes livremente por ela optarem (seja pela cláusula compromissória, seja pelo compromisso arbitral), renunciando com isso a utilização do Poder Judiciário. Do contrário, segue-se com o método "tradicional", com o uso do Poder Judiciário, e com um juiz estatal apreciando os pedidos das partes.

Por ser a arbitragem um instituto cuja autonomia da vontade é uma de suas pedras fundamentais, vale destacar – embora não seja objeto específico deste estudo – que, por vezes, podem ocorrer casos nos quais tal vontade seja viciada, isto é, em que uma das partes, detentora de maior poder, possa impor sua vontade e, contra o desejo da outra parte, instituir a arbitragem.

Ocorre que a própria legislação tem mecanismos para impedir estas práticas. De um modo geral, sempre que se estiver diante de um contrato de adesão, qual seja, aquele tipo de contrato no qual as cláusulas são pré-impressas e que a parte mais fraca tem apenas a opção de aceitar ou não aquelas condições que lhe são postas (caso dos consumidores em relação a bancos, seguradoras, etc.), a cláusula compromissória será nula, isto é, não gerará quaisquer efeitos. Logo, a parte mais fraca não será prejudicada. E, além disso, a lei ainda prevê um mecanismo que é a ação anulatória da arbitragem. Ou seja, se ficar constatado que a arbitragem foi efetivamente "viciada", a parte prejudicada poderá ingressar no Poder Judiciário para declarar a nulidade da decisão proferida pelo árbitro.

Portanto, a arbitragem é um mecanismo de resolução de conflitos de direitos patrimoniais disponíveis, entre pessoas físicas ou jurídicas que possuam efetivas condições de livremente manifestar sua vontade de ver o litígio resolvido fora do Poder Judiciário. Somente nesses casos, portanto, é que a arbitragem é válida, e concentrando-se apenas nesses casos, portanto, que são tecidas as observações sobre arbitragem ao longo deste trabalho. Por isso, inclusive, consta no título deste livro a expressão "arbitragem empresarial", constando que, com isso, pretende-se aclarar essa premissa adotada ao longo do trabalho, de que se está a tratar da arbitragem como meio de resolução de conflitos, escolhido por livre e espontânea vontade pelas partes envolvidas.

Feitas essas observações, ingressa-se agora no procedimento da arbitragem. Decididas as partes pela arbitragem, o próximo passo é estabelecer – sempre de comum acordo – a quem competirá arbitrar (julgar) a causa. E aí surgem duas opções: ou as partes escolhem uma pessoa física como árbitro, ou escolhem um tribunal arbitral, o que é feito de acordo com a conveniência das partes.

Pela lei brasileira, qualquer pessoa legalmente capaz pode ser árbitro. Ou seja, não precisa ter formação superior, muito menos em Direito (embora, na prática, usualmente os árbitros tenham formação jurídica). O critério para ser árbitro é o da confiança das partes; qualquer um que for de confiança das partes pode ser escolhido. Tem-se como exceções apenas aquelas que também se aplicam aos juízes estatais, quais sejam, não pode o árbitro ser amigo ou inimigo de uma das partes, ter interesse na causa, etc.[6]

---

[6] Tratam-se das hipóteses de suspeição e de impedimento do árbitro, previstas no artigo 14 da Lei 9.307/96, que remetem aos artigos 134 e 135 do Código de Processo Civil, que estabelecem: Art. 134. É defeso ao juiz exercer as suas funções no processo contencioso ou voluntário: I - de que for parte; II - em que interveio como mandatário da parte, oficiou como perito, funcionou como órgão do Ministério Público, ou prestou depoimento como testemunha; III - que conheceu em primeiro grau de jurisdição, tendo-lhe proferido sentença ou decisão; IV - quando nele estiver postulando, como advogado da parte, o seu cônjuge ou qualquer parente seu, consangüíneo ou afim, em linha reta; ou na linha colateral até o segundo grau; V - quando cônjuge, parente, consangüíneo ou afim, de alguma das partes, em linha reta ou, na colateral, até o terceiro grau; VI - quando for órgão de direção ou de administração de pessoa jurídica, parte na causa. Parágrafo único. No caso do nº IV, o impedimento só se verifica quando o advogado já estava exercendo o patrocínio da causa; é, porém, vedado ao advogado pleitear no processo, a fim de criar o impedimento do juiz. Art. 135.

Caso a escolha se dê por um tribunal arbitral, as partes irão escolher não um único árbitro, mas sim um órgão que, em sua composição, contém vários árbitros, sendo que deste quadro sairá o árbitro ou os árbitros (sempre em número ímpar) que resolverão aquela controvérsia. A opção por um tribunal tem a facilidade de já ficarem acertados alguns detalhes "burocráticos" do procedimento, eis que estes tribunais usualmente têm seus regulamentos, que identificam como cada um deles funciona quando do julgamento das causas.

Vale destacar que, ao contrário do Poder Judiciário, os árbitros não são servidores públicos. Logo, auferem remuneração direta por suas atividades, que provém das partes. Ou seja, são as partes que pagam os honorários dos árbitros envolvidos na causa, de acordo com critérios fixados diretamente com o árbitro (no caso escolha de pessoa física) ou de acordo com o regulamento da instituição. É comum que as partes dividam de forma igualitária o percentual dos honorários do árbitro, no início do processo, bem como que a parte perdedora fique responsável pela complementação dos honorários faltantes e o reembolso do que fora pago pela parte vencedora.

Como já dito, a arbitragem é uma forma de resolver os conflitos. Ou seja, tal qual ocorre no Poder Judiciário, há um julgamento da causa por parte do árbitro. Em outras palavras, o árbitro julga a causa de forma semelhante à forma como procede um juiz estatal, não sendo à toa que o artigo 18 da Lei 9.307/96 diz que "o árbitro é juiz de fato e de direito". Em suma, o árbitro diz quem tem razão na causa; se "A" ou "B". Enfatiza-se isso porque, algumas vezes, há uma tendência em associar a arbitragem com a mediação, confundindo-as, quando, em verdade, são institutos bastante diversos.

Reputa-se fundada a suspeição de parcialidade do juiz, quando: I - amigo íntimo ou inimigo capital de qualquer das partes; II - alguma das partes for credora ou devedora do juiz, de seu cônjuge ou de parentes destes, em linha reta ou na colateral até o terceiro grau; III - herdeiro presuntivo, donatário ou empregador de alguma das partes; IV - receber dádivas antes ou depois de iniciado o processo; aconselhar alguma das partes acerca do objeto da causa, ou subministrar meios para atender às despesas do litígio; V - interessado no julgamento da causa em favor de uma das partes. Parágrafo único. Poderá ainda o juiz declarar-se suspeito por motivo íntimo.

Na mediação, não há julgamento da causa. Não há um terceiro que, analisando os argumentos das partes envolvidas, decide com qual delas está o "direito". Na mediação, o que existe é a figura do mediador, que tem por objetivo tentar fazer com que as partes cheguem a um acordo. Sua função, portanto, é bastante diversa da do árbitro, o qual não busca o acordo, busca descobrir quem tem razão. Nada impede que um acordo ocorra (como se dá igualmente no Poder Judiciário), mas seu fim não é este; não é o de aproximar as partes, para que elas – entre si – encontrem um denominador comum, tarefa essa da mediação. Na arbitragem, o árbitro age como um juiz da causa, e não como um conciliador.

Por fim, deve ser dito que o artigo 31 da Lei 9.307/96 estabelece claramente que a sentença do árbitro tem exatamente a mesma força jurídica que a sentença de um juiz estatal. Não há, portanto, nenhuma espécie de hierarquia entre a sentença estatal e a arbitral. Na verdade, inclusive, sob certo aspecto, até se poderia dizer que a sentença do árbitro acaba por ter maior força, na medida em que contra essa não cabe qualquer tipo de recurso. Ao passo que, no Poder Judiciário, a parte que tiver contra si uma sentença judicial sempre pode fazer uso dos recursos competentes – o que não ocorre no caso da arbitragem, já que a sentença arbitral não comporta recursos.

2.6. Arbitragem, liberalismo e globalização

Com a pretensão de ter conseguido aclarar, ainda que de forma bastante sintética, o que é o instituto da arbitragem, passa-se agora a tratar, também de forma resumida, sobre alguns questionamentos e afirmações que usualmente são feitos quando se trata do tema da arbitragem. Embora as questões a seguir não digam diretamente com o ponto central do presente trabalho, acredita-se que a relevância do tema mereça alguns apontamentos, inclusive para efeito de se fixar algumas das premissas que são utilizadas ao longo dessa abordagem.

De um modo geral, é bastante comum ouvir-se comentários de importantes doutrinadores de que a arbitragem seria mais um dos inúmeros frutos do chamado "neoliberalismo"[7]. Em alguns destes comentários, percebe-se a noção de que a arbitragem nada mais seria do que uma tentativa de se estender, ao âmbito judicial, as práticas de privatização de serviços públicos,[8] ocorridas no Brasil, ao longo da década de 90.

Nesse contexto, parece importante tecer algumas observações, respondendo, com isso, a uma das perguntas feitas no início do trabalho: a arbitragem realmente é um produto neoliberal?

É inegável que a chamada Operação Arbiter – movimento que deu origem à Lei 9.307/96, a nova Lei de Arbitragem – foi capitaneada por algumas pessoas que possuíam estreitos vínculos com as ideias liberais (Muniz, 2005). Como exemplo claro disso destaca-se o apoio que o movimento teve, desde o início, do Instituto Liberal de Recife e a própria escolha do Senador Marco Maciel para dar suporte político ao projeto de lei no Congresso Nacional.

Além disso, cabe destacar que o coordenador da Operação Arbiter, Petrônio Muniz, faz questão de ressaltar que sua ideia era, com o desenvolvimento da arbitragem no Brasil, realmente viabilizar uma alternativa de resolução de conflitos fora do aparato estatal; pondo-a, portanto, de certa forma alinhada a ideais liberais. Também vale ser recordado que tal movimento mais forte, em favor da arbitragem no Brasil, teve seu vital impulso na década de 90, em que havia forte debate sobre a crise do Estado brasileiro (Santos, 2005b). Período este que, no Brasil, ficou marcado por uma série de medidas

---

[7] Veja-se, em especial, o comentário de Carmona na entrevista concedida a este pesquisador, em que ele afirma que "A arbitragem é produto neoliberal". Alguns comentários sobre essa assertiva constam do terceiro capítulo, em que as entrevistas são analisadas. Destaca-se, também, o interessante texto da Professora Vera Maria Jacob Fradera (2005).

[8] Usa-se esta expressão porque é a que melhor reflete a forma como estes eventos ficaram conhecidos pelo público. Porém, por rigor técnico, cabe ressaltar que não houve privatização de serviço público, mas sim privatização de empresas públicas. O que era serviço público assim continua a sê-lo. A diferença está, apenas, naquele que agora o executa: um particular, e não mais o ente estatal, que reservou para si a titularidade do serviço e a sua regulamentação.

de ordem político-econômica, que muitos denominam de "neoliberais". (Sobottka, 2006, p. 82). Época essa que se inicia no Governo Collor de Mello, com redução nas alíquotas de importação e maior abertura do país ao mercado externo, e segue com o Governo Fernando Henrique Cardoso, que realizou um bem-sucedido plano de estabilidade monetária, acompanhado de medidas de ajuste fiscal e de um programa de privatização de algumas empresas estatais.

Ao deter-se nesses dois fatores, parece que a conclusão seria por uma resposta positiva à pergunta feita: em suma, responder-se-ia que a arbitragem é, sim, um produto neoliberal. Ocorre que, neste trabalho, se adota opinião diferente. Se é possível traçar alguns pontos de contato entre a arbitragem e os ideais liberais – especialmente no que diz com o movimento que deu origem à Nova Lei de Arbitragem, no Brasil – nem por isso se pode concluir, de forma apressada, que a arbitragem é fruto do neoliberalismo e/ou é inerente a uma visão mais liberal de mundo.

O primeiro fator que se leva em conta é o de que a arbitragem, historicamente, é uma forma de resolução de conflitos que antecede, em diversos séculos, não apenas o assim chamado neoliberalismo, como o próprio liberalismo. Conforme lembra Timm (2006, p. 278), "já na 'Retórica' de Aristóteles encontra-se referência à arbitragem como forma mais justa ou mesmo equânime de julgamento de litígios (...) havia, à era clássica grega, o recurso à arbitragem, a qual, inclusive, gozava de maior prestígio com ele do que a jurisdição estatal".

Nessa linha, há também a observação de Carmona (1993, p. 42) de que a arbitragem se desenvolveu de forma bastante acentuada em Roma quando da invasão dos povos "bárbaros", na medida em que a arbitragem possibilitava uma espécie de oposição às normas impostas pelos "bárbaros". Com a arbitragem, os romanos podiam resolver seus conflitos de acordo com o Direito Romano, que julgavam ser superior às normas bárbaras (Lima Lopes, 2002), dando-se o fenômeno descrito por Wolkmer (2006) como de princípio da personalização do direito", em que "o indivíduo vive segundo as regras jurídicas de seu povo, raça, tribo ou nação, não importando o local em que esteja. A aplicação deste princípio permitiu a sobrevivência do direito romano no Ocidente ainda durante os primeiros séculos após a queda do Império (2006, p. 149).

Também na Idade Média existem inúmeros registros de forte utilização da arbitragem, especialmente, entre comerciantes, que viam na arbitragem uma forma de aplicação de um "direito dos comerciantes" – precursor da hoje conhecida *lex mercatoria* – mais apto a resolver os problemas que a estes afetavam (Vivante, 2003, p. 13).

Feitas estas observações de cunho histórico, julga-se inadequado concluir que a arbitragem é, intrinsecamente, um produto liberal e, muito menos, neoliberal. Como visto, a arbitragem existia como método de solução de litígios já na Antiguidade e na Idade Média, períodos estes em que sequer existia uma visão liberal de mundo, dada a inexistência de um conceito próprio de indivíduo, que vem a se desenvolver com o Iluminismo e a Modernidade (Bobbio, 2004; Carvalho, 2005).

O segundo fator que se pretende analisar diz com a característica que tem a arbitragem de funcionar como uma válvula de escape para a solução de litígios daqueles que, por um motivo ou outro, não se sentem representados ou confortáveis com a prestação jurisdicional estatal (Guerreiro, 1993). Historicamente, viu-se o exemplo dos romanos, que depois da invasão bárbara não se sentiam representados nas normas germânicas e, por isso, recorriam à arbitragem; também, o caso dos comerciantes da Idade Média, que recorriam à arbitragem como forma de propiciar um mecanismo mais adequado à resolução de seus conflitos comerciais, em contraposição às leis nacionais então vigentes.

Em reforço ao argumento de que a arbitragem não é algo intrinsecamente liberal, propõe-se uma rápida reflexão sobre as possíveis relações entre a arbitragem e o mundo de "Pasárgada", desenvolvido por Boaventura de Sousa Santos em seu trabalho de pesquisa em uma favela carioca, no início da década de 70. Nesse trabalho, fruto de seu doutorado na Universidade de Yale, Sousa Santos (1988) investiga a forma pela qual os moradores de uma favela carioca – que ele opta chamar de Pasárgada – resolvem seus conflitos fora do aparato oficial estatal.

Narra o autor que:

> Pasárgada é uma comunidade densamente povoada, no seio da qual se estabeleceu uma teia muito complexa de relações sociais entre os habitantes e entre estes, individualmente, e a comunidade no seu todo, algumas das quais têm origem em contratos (compra e venda, arrendamento, etc.) e outros negócios jurídicos que envolvem a propriedade, a posse e direitos reais vários sobre a terra e as habitações (ou parte delas) individualmente apropriadas. No entanto, à luz do direito oficial brasileiro, as relações deste tipo estabelecidas no interior das favelas são ilegais ou juridicamente nulas, uma vez que dizem respeito a transações sobre terrenos ilegalmente ocupados e a construções duplamente clandestinas. Dentro da comunidade, contudo, tais relações são legais e como tal são vividas pelos que nela participam; a intervenção da associação de moradores neste domínio visa constituir como que em *ersatz* da protecção jurídica oficial de que carecem. A associação de moradores transformou-se, assim, gradualmente num fórum jurídico, à volta do qual se foi desenvolvendo uma prática e um discurso jurídicos – o Direito de Pasárgada (1988, p. 14).

A pesquisa de Sousa Santos dá conta de que, seja pela dificuldade política, cultural ou econômica de acesso ao Poder Judiciário, seja pela pouca identificação entre o direito oficial vigente e os moradores de Pasárgada, a verdade é que estes passaram a se socorrer de uma organização não estatal para resolver os conflitos que emergiam. No caso acima, esta função era delegada à associação de moradores, em uma sistemática que se dava da seguinte forma:

> Quando um conflito surge entre vizinhos, a associação pode ser chamada a resolvê-lo e nesse caso é accionado um processo (flexível), que tipicamente tem os seguintes trâmites. A parte queixosa apresenta o caso na associação perante o presidente que, de seguida, a interrogará de modo a certificar-se da natureza e seriedade do conflito e da competência da associação para o resolver, quer da competência em razão da matéria – o conflito diz respeito a direitos sobre terrenos ou habitações – quer da competência territorial – o terreno ou a habitação, objeto do conflito, situa-se

no interior de Pasárgada. O caso será aceito se o presidente, para além da fixação da jurisdição da associação, se certificar, pelas perguntas e pelo conhecimento directo que muitas vezes tem do caso, que a petição do queixoso tem um mínimo de razoabilidade e não tem propósitos desonestos. A outra parte é então convidada por escrito à vir à associação, numa data fixada, para tratar assuntos do seu interesse. Dependendo do conhecimento directo que tiver do caso, o presidente pode entretanto visitar o local que gerou o conflito. A comparência das partes na reunião para discussão e julgamento da causa é por vezes problemática e várias medidas podem ser tomadas para assegurá-la. As partes vêm normalmente acompanhadas por amigos, parentes ou vizinhos, que podem ou não participar da discussão. A discussão, por vezes animada, é orientada pelo presidente que, no final profere a decisão (1988, p. 16).

Faz-se esta longa descrição do procedimento com o objetivo de salientar algumas possíveis semelhanças entre o procedimento descrito por Souza Santos, em *Pasárgada*, e a prática da arbitragem, nos tribunais arbitrais. A forma pela qual o autor citado descreve como são resolvidos os conflitos na favela carioca em certa medida se aproxima de um procedimento arbitral. Embora, evidentemente, aqueles que nele se envolvem sequer possam se dar conta disso, tem-se ali um método de resolução de conflitos de alguma maneira próximo do que veio a ser previsto na Lei 9.307/06.

Nesse sentido, inclusive, poder-se-ia dizer que com a nova Lei de Arbitragem (ressalvados alguns limites quanto a situações de ilegalidades), acaso mantida a prática outrora existente, poder-se-ia, em tese, ter uma verdadeira institucionalização do método de resolução de conflitos de Pasárgada, que antes não encontrava apoio na legislação oficial, o que só veio a ocorrer com a Lei de 1996.

Não se quer aqui, obviamente – e isso é fundamental ficar claro – defender que é saudável os moradores da favela carioca ficarem alijados do sistema de jurisdição estatal. Ou que o que em Pasárgada ocorria era, realmente, arbitragem. Ou ainda romantizar a situação vivenciada nas favelas cariocas. Apenas quer-se destacar que, por meio da arbitragem, aquilo que antes era marginal e alheio ao "mundo oficial" poderia até passar a poder ser aceito e respeitado, com a mesma força que uma sentença judicial, proferida por um Juiz de Direito.

Vale repetir, por cautela, que não se está a dizer aqui que a prática em Pasárgada era de um procedimento arbitral, tal qual previsto na Lei 9.307/96. Os comentários feitos têm a exclusiva função de embasar a assertivas de que nos pareceria descabido afirmar que o sistema de resolução de conflitos em Pasárgada fosse seja liberal ou neoliberal. Portanto, não se vê motivos para afirmar que a arbitragem o seja, na medida em que – em sua essência – ambos conjugam de fatores em comum.

Não se pode olvidar, é verdade, que a arbitragem possui uma vinculação com um ideário não-estatal, na medida em que se mostra como uma via alternativa à resolução de conflitos propiciada pelo Estado. Entretanto, nos parece equivocado associar que esta posição, desvinculada do Estado, venha a ser, necessariamente, uma visão liberal ou neoliberal. E por isso se recorre ao exemplo de Pasárgada, porque parece difícil crer que a "justiça" lá existente pudesse ser classificada como liberal ou neoliberal.

Acredita-se, ao revés, que intrinsecamente a arbitragem está mais próxima do movimento de acesso à justiça, e de verdadeira publicização do direito, do que dos ideários liberais ou neoliberais. Não é à toa, inclusive, que Cappelletti e Garth, em seu clássico *Acesso à Justiça*, listam a arbitragem como um dos instrumentos de concretização da "terceira onda" de acesso à justiça, ao lado, por exemplo, dos tribunais de pequenas causas (2002, p. 82). Com essa linha, aliás, anui José Delgado (2001, p. 13):

> Por fim, vive-se, na época contemporânea, o Direito Processual de quarta geração, onde a arbitragem se situa. É a utilização de um instrumento voltado para a solução dos litígios sem a presença obrigatória do Poder Judiciário. É a própria sociedade, de modo organizado, aplicando o direito, utilizando-se das associações que a compõem. É uma nova era do Direito Processual que necessita evoluir até alcançar os denominados Tribunais de Vizinhança. É a busca de intensificação de outros meios de acesso do cidadão ao encontro da Justiça, por essa reivindicação se constituir em um direito constitucional de natureza subjetiva.

Tal se dá, ademais, porque a arbitragem se mostra um instrumento coerente com os anseios de uma sociedade pluralista, que busca uma multiplicidade de espaços institucionais para a resolução dos litígios. Com apoio em Durkheim, pode-se cogitar que, na medida em que as sociedades vão se tornando mais complexas, surge a necessidade de ter distintos mecanismos de julgamento, porque se torna difícil que uma única forma de jurisdição seja apta a atender às necessidades de uma pluralidade de indivíduos, cada vez mais distintos entre si.

Esse reconhecimento, portanto, que a sociedade contemporânea, cada vez mais, se caracteriza por um conjunto de múltiplos e diversos grupos com as mais distintas categorias, faz com que haja um estímulo ao desenvolvimento da arbitragem, pois esta – especialmente pela característica de escolha dos árbitros pelas próprias partes – se torna uma alternativa mais atraente do que a jurisdição estatal para a resolução de alguns de seus conflitos, já que com mais facilidade se adapta às distintas realidades.

A arbitragem, portanto, seria em verdade uma prática de publicização do modo de resolução de conflitos, que saem das mãos do Estado e vão para as mãos da sociedade, que com mais facilidade se mostra apta a intermediar os complexos conflitos contemporâneos.

Com base no até aqui exposto, parece equivocado traçar um paralelo direto entre arbitragem e liberalismo (ou neoliberalismo), como se um decorresse necessariamente do outro. Isso não impede, é verdade, que se reconheça a existência de alguns pontos de contato entre os ideais liberais e o desenvolvimento da arbitragem no Brasil. Nessa linha, pareceria ingênuo supor que por um mero acaso, no Brasil, a arbitragem tenha sido incrementada, na década de 90, com apoio de Institutos Liberais.

Realmente, parece que no país a arbitragem se mostrou atraente aos olhos liberais, na medida em que se revelou como uma forma de resolução de conflitos fora do "Santo Ofício Estatal", para usar a expressão de Petrônio Muniz. Naquele contexto, questionando a necessidade ou não do Estado, por meio de empresas públicas, seguirem a prestar diretamente algumas atividades econômicas e sociais, era esperado que uma alternativa que oferecesse um meio de resolução de conflitos privados fosse acolhida por aqueles que, de um modo geral, viam a necessidade de reduzir a participação do Estado na vida dos indivíduos.

Logo, dentro de uma série de fatores que levaram a arbitragem a ter seu pleno desenvolvimento no Brasil, a partir da Lei 9.307/96, há um ambiente receptivo a ideias e a institutos que reflitam um ideal não-estatal, pela redução da necessidade de contar com o Estado para resolução dos conflitos entre os indivíduos; isso não significa, entretanto, que a arbitragem (em si) seja fruto deste ambiente. Como já visto, essa característica não-estatal da arbitragem está mais próxima de um fenômeno de ampliação do acesso à justiça, com a publicização dos modos de resolução de conflitos – decorrente de uma complexização da vida social – do que de uma ideologia liberal ou neoliberal.

Se, em certa medida, repudia-se essa vinculação direta entre arbitragem e liberalismo (ou neoliberalismo), pelos motivos já expostos, parece que, com relação ao fenômeno da globalização, existe sim uma relação de causa e efeito mais clara, embora não seja, também, o único fator a justificar o desenvolvimento da arbitragem no Brasil, ao longo da década de 90. Isso porque, ao definir-se a globalização, para os efeitos desse estudo, ainda que de forma simplificada, como um processo de expansão do comércio internacional de bens e serviços, em que há um aumento das relações entre pessoas de distintos países, o incentivo à arbitragem tende a se colocar como um dos frutos deste processo.

Tal se dá na medida em que cada um desses indivíduos, que passam a se relacionar, possui um distinto sistema de jurisdição que é exclusivamente seu. Em um relacionamento entre uma empresa alemã e uma brasileira, por exemplo, há a jurisdição alemã (estranha à empresa brasileira) e a jurisdição brasileira (estranha à empresa alemã). Não há uma jurisdição supranacional, a que ambas as empresas, de distintos países, estejam acostumadas. O que existem são, apenas, as jurisdições locais. Em casos assim, portanto, o que se constata é que há a necessidade de se tentar criar uma via alternativa, que não seja nem a jurisdição de um lado, nem a jurisdição do outro lado.

Evitam-se, com isso, jurisdições "parciais", restando certo que a escolha de qualquer uma delas tenderia, de regra, a favorecer uma das partes, dada a maior familiaridade com que essa teria caso ocorresse algum litígio. Nesse ambiente, portanto, é que a instituição da arbitragem surge como método mais escolhido, pois se presta bem a esta finalidade de imparcialidade. No caso do exemplo acima, poderia ser escolhido um árbitro inglês, que resolveria as eventuais controvérsias de acordo com o direito inglês ou com as práticas usualmente utilizadas no comércio internacional.

Afora esses casos, a globalização se relaciona com a arbitragem em no mínimo mais um ponto; de um modo geral, com a globalização, aumenta a presença de empresas de um país em outros países. Cresce, sobremaneira, o número de empresas multinacionais, especialmente em países não-desenvolvidos. Nesse contexto, deve ser destacada certa desconfiança que normalmente se dá por parte desses investidores estrangeiros, quanto ao sistema jurídico (leis, tribunais, juízes, advogados) dos países não desenvolvidos.

Imagine-se, por exemplo, que uma empresa brasileira fosse abrir uma fábrica em um país africano, menos desenvolvido socioeconomicamente. Muito provavelmente a empresa brasileira nutriria uma razoável desconfiança com relação às instituições jurídicas desses países. Além de não dominar as regras locais, a empresa brasileira poderia supor – com ou sem razão, isso aqui não importa – que há margem para práticas de corrupção nesses tribunais, ou que os advogados desses países não estão acostumados às práticas internacionais, entre outras desconfianças.

Em casos assim, a arbitragem tende a se mostrar uma alternativa interessante à empresa brasileira, já que a escolha, por exemplo, da Câmara de Arbitragem da ICC (*International Chamber of Commerce*), em Paris, um dos órgãos arbitrais mais prestigiados no mundo, com árbitros americanos, por exemplo, seria apta a outorgar a segurança necessária à empresa brasileira.

Há, ainda, mais um fator a ser considerado, e que se relaciona com o ponto anterior, que vem a ser a facilidade com que a escolha da arbitragem outorga aos advogados das empresas estrangeiras. Quando uma empresa inglesa, por exemplo, decide investir no Brasil, é evidente que os advogados de sua confiança são, normalmente, ingleses. Claro que, com o tempo, e com o lento processo de aumento da independência da filial brasileira, a empresa inglesa irá adquirir confiança em alguns advogados brasileiros, que lhe representarão nas questões locais.

Entretanto, em um primeiro momento (no início das negociações), e de um modo geral sempre que, de alguma forma, os temas disserem com a matriz, o maior grau de confiança da empresa tende a estar com os advogados do país de origem. E esses advogados – ingleses nesse exemplo – embora sejam especialistas em direito inglês, não só não dominam o direito brasileiro, como nutrem usualmente uma série de desconfianças (umas merecedoras, outras não) com relação ao sistema jurídico brasileiro. Logo, esperado que os advogados busquem se proteger – mantendo com isso a importância perante seu cliente – com um sistema de resolução de litígios que "fuja" do direito brasileiro; o que é possível com o uso da arbitragem.

Nesse sentido, portanto, fazendo menção aqui ao reconhecido trabalho de Dezalay e Garth (1996), onde são analisadas as relações entre os grandes escritórios de advocacia e as operações de comércio internacional, registra-se que há por parte desses advogados – consultores de empresas que investem em outros países e usualmente trabalham em grandes escritórios, normalmente americanos ou ingleses – interesse que seus clientes optem pela via arbitral, servindo como mais um incentivo ao desenvolvimento da arbitragem nos países em desenvolvimento.

Em conclusão, portanto, parece equivocado afirmar que a arbitragem é intrinsecamente um produto liberal ou neo-liberal, reconhecendo-se, entretanto, que a globalização e a ampliação dos mercados afiguram-se como um dos fatores de incremento ao desenvolvimento da arbitragem, especialmente no ambiente empresarial.

3. A arbitragem como saída?

Feitas estas observações iniciais, passa-se agora a tratar do ponto central do trabalho, qual seja: a análise das relações existentes entre o desenvolvimento da arbitragem na década de 90, culminando com a Lei 9.307/96, e a chamada "Crise de Poder Judiciário". Essa análise será feita, especialmente, à luz dos conceitos desenvolvidos por Albert Hirschman em seu livro *Saída, voz e lealdade: reações ao declínio de firmas, organizações e estados*. Para tanto, acredita-se recomendável, antes de tudo, uma breve introdução às ideias desenvolvidas por Hirschman.

Cabe dizer, ainda, que Hirschman é reconhecidamente um dos primeiros (no período mais recente) a se dedicar à tentativa de aproximação da Economia às Ciências Sociais, valendo destacar, inclusive, que na obra antes referida, embora se utilize de uma linguagem econômica, os conceitos nela desenvolvidos não se limitam à Ciência Econômica. O próprio autor afirma no prefácio que "cheguei a achar que meus conceitos de *saída* e de *voz* ampliavam-se demais, conforme eu me introduzia, surpreendentemente sem dificuldades, em novos territórios" (1970, p. 10). Além disso, a opção por Hirschman se dá na medida em que – conforme se pretende fique claro a seguir – os conceitos de *saída*, *voz* e *lealdade* parecem ser ferramentas úteis à análise sociológica dos fenômenos de inter-relação entre o Direito e a Economia, dentre os quais, no que interessa ao caso específico, está a arbitragem empresarial.

3.1. Saída, voz e lealdade: Albert O. Hirschman

Um dos pressupostos com o qual o autor trabalha em seu livro é o de que

> sob qualquer sistema econômico, social ou político, indivíduos, firmas e organizações, em geral estão sujeitas a falhas de eficiência, racionalidade, legalidade, ética ou outros tipos de comportamento funcional. Não importa quão bem estabelecidas as instituições básicas de uma sociedade; alguns agentes, ao tentarem assumir o comportamento que deles se espera, estão fadados ao fracasso, ainda que por razões acidentais de quaisquer tipos (1970, p.13).

Ou seja, trabalha o autor com a noção de que é normal – na acepção de esperado, provável – que as organizações, em algum momento, em maior ou menor grau, não consigam atender às expectativas que os outros (indivíduos, organizações e a própria sociedade em geral) têm com relação à sua atuação.[9]

Ao mesmo tempo em que reconhece essas quebras das expectativas como normais,[10] também afirma o autor que a sociedade aprende a viver com tal realidade, desde que esse funcionamento deficiente ou mau comportamento ocorra apenas em uma parcela das organizações e/ou indivíduos (Hirschman, 1970).

---

[9] Embora expressamente não diga isto, da conclusão acima decorre, logicamente, que o autor trabalha com a premissa de que existem expectativas preestabelecidas com relação ao agir dos agentes (aqui entendidos de maneira ampla, como indivíduos e/ou organizações). Obviamente, quando diz o autor que inevitavelmente as expectativas não serão em algum momento atendidas, está a admitir que as expectativas preexistem; do contrário, obviamente, sequer poderiam ser desatendidas. Parece possível, portanto, desde já cogitar algumas possíveis relações desta obra de Hirschman com o pensamento sistêmico de Luhmann e Parsons.

[10] É interessante o paralelo que o autor traça entre a normalidade dos decréscimos e a existência de excedentes. Afirma ele que, ao contrário das sociedades animais, a humana consegue com mais facilidade conviver com estes decréscimos de qualidade em razão da existência de excedentes, que não existem nas sociedades animais no mesmo nível da humana. Como refere "a contrapartida desse excedente é a capacidade da sociedade de comportar uma considerável parcela de deterioração. Um nível mais baixo de desempenho significaria um desastre para os macacos, enquanto aos seres humanos causa apenas desconforto, pelos menos inicialmente. A extensa amplitude de deterioração que têm as sociedades humanas é o preço inevitável de sua crescente produtividade e seu controle sobre o ambiente" (HIRSCHMAN, 1970, p. 18).

E, "para que tal comportamento inadequado não se alimente e não leve à deterioração geral, é preciso que a sociedade seja capaz de forçar estes agentes ineptos tanto quanto for possível a assumirem as atitudes e métodos exigidos para seu bom funcionamento" (Hirschman, 1970, p. 14). Em seguida, o autor faz uma indagação – e tenta responder ao longo do livro – acerca da(s) forma(s) pela(s) qual(is) a sociedade (os frustrados em suas expectativas) pode agir para que os indivíduos e/ou organizações (os frustradores das expectativas) abandonem este estágio de mau funcionamento e alcancem o grau de qualidade que deles inicialmente se esperava.

A primeira resposta dada pelo autor vem a ser a concorrência. E o faz afirmando que "não pode haver dúvidas de que a concorrência é o principal mecanismo de recuperação" (Hirschman, 1970, p.15). Nesse caso, quando um agente está descontente com a atuação de uma organização "A", a qual está agindo em desacordo com a expectativa dele, o principal mecanismo que esse agente possui, para forçá-la a recuperar-se está na concorrência, ou seja, na possibilidade de esse agente encontrar uma outra organização "B", capaz de substituir potencialmente a organização "A". É a essa resposta de concorrência que o autor dá o nome de *saída*, que se verifica tanto quando alguns clientes param de comprar o produto da firma, como quando alguns membros deixam a organização (Hirschman, 1970).

Mas afora a *saída*, diz o autor que há uma outra resposta possível por parte dos agentes insatisfeitos, que vem a ser a manifestação direta e expressa de sua insatisfação para com as organizações, por meio de protestos contra este decréscimo de qualidade. Como diz o autor: "os clientes da firma ou os membros da organização expressam sua insatisfação diretamente à direção, a uma autoridade à qual a direção esteja subordinada, ou através de protestos gerais, dirigidos a quem estiver interessado em ouvi-los" (Hirschman, 1970, p. 16). Este tipo de resposta é a opção pela *voz*.

Vê-se, portanto, que o autor lista duas formas distintas pelas quais podem os agentes insatisfeitos manifestar sua indignação com o não atendimento das expectativas, de modo que esta situação de mau funcionamento seja revertida: a *saída*, que se apresenta como uma resposta movida pela concorrência (que ele diz ser um mecanismo mais de natureza econômica); e a *voz*, que surge como um protesto direto ao causador da expectativa frustrada (mecanismo mais de natureza política) (Hirschman, 1970).

Daí avança-se para uma definição de *saída* como

> pura e simplesmente o ato de partir, em geral porque se julga que um bem, serviço ou benefício melhor é fornecido por outra firma ou organização", enquanto a voz "é o ato de reclamar, de organizar-se para reclamar ou protestar, com a intenção de obter diretamente uma recuperação da qualidade que foi prejudicada (Hirschman, 1996, p. 20).

Embora Hirschman afirme que a concorrência é o principal mecanismo de recuperação, disto não se pode concluir que ele acredite tenha a opção *saída* poderes excepcionais (Hirschman, 1970, p. 31); ao contrário, diz ele, do que outros economistas alardeiam, Hirschman dedica uma considerável atenção à necessidade de se compreender adequadamente o funcionamento deste mecanismo de *saída*, até para que se passe a aceitar suas limitações em alguns casos.

Nesse sentido, o primeiro ponto a ser analisado, segundo ele, diz com a queda de renda que o uso da *saída* representa. Na medida em que os preços dos produtos e os seus respectivos custos continuarão iguais mesmo com a queda da qualidade (eis que, por definição, esta queda de qualidade se deu por conta de ineficiência), "qualquer *saída* resultante do declínio da qualidade levará à queda da renda; e, naturalmente, quanto mais volumosa a *saída*, maiores as perdas que se seguem ao declínio da qualidade" (Hirschman, 1970, p. 32).

Supõe-se que esta queda de renda, por sua vez, afetará a atitude da organização; logo, esta "*saída* poderá levar a organização, que se está deteriorando, a melhorar seu desempenho" (Hirschman, 1996, p. 20) – que é a ideia básica da *saída* como mecanismo de recuperação da qualidade perdida.

Entretanto, para ele isso é verdade apenas em algumas situações. Hirschman refuta a noção tradicional de que "quanto mais alertas forem os clientes, melhor o funcionamento do mercado em concorrência" (Hirschman, 1970, p. 34). Afirma que para que a *saída* tenha, realmente, o potencial de recuperar a qualidade da organização ou firma, há a necessidade de que esta tenha, ao mesmo tempo, uma mescla de membros e/ou clientes alertas e inertes. Se todos os membros forem integralmente alertas, quando ocorrer um pequeno decréscimo de qualidade, no serviço prestado, todos os membros automaticamente usarão a opção *saída*. Assim, levariam de imediato a organização ao chão, porque ela não teria tempo de processar a informação de sua queda de qualidade e tentar revertê-la, já que a queda do nível de renda seria tão grande (pela saída generalizada) que ela não teria como se sustentar nesse período de recuperação.

Conclui, portanto, o autor:

> Considerar a concorrência um mecanismo de recuperação revela que, embora a saída de alguns clientes seja necessária à introdução do mecanismo, é importante que outros clientes não percebam ou não se incomodem com o declínio da qualidade (Hirschman, 1970, p. 35).

Um outro ponto a ser estudado nessa opção de *saída* é que ela pode não acarretar uma queda do nível de renda da organização. Pode acontecer de, ao mesmo tempo em que alguns saem, outros entram; compensando-se, com isso, a perda da renda atinente aos que saíram com o acréscimo da renda dos que entraram (Hirschman, 1970, p. 35). Ressalta o autor, ainda, que se poderia pensar ser não-racional que uma empresa em queda de qualidade conseguisse angariar novos clientes. Entretanto, "quando há um declínio uniforme da qualidade em todas as firmas de uma indústria, simultaneamente, cada firma acolhe alguns dos clientes reclamadores das outras firmas, enquanto perde outros para seus concorrentes" (Hirschman, 1970, p. 36).

Já o mecanismo da *voz* se apresenta de forma distinta. A *voz* é definida por Hirschman, como já visto, como "qualquer tentativa de modificação, em vez de fuga, de um estado ao qual se pode fazer objeções, através de petições individuais ou coletivas à administração diretamente responsável, apelos a autoridades superiores, com a intenção de pressionar a direção ou, vários tipos de ação e protesto, inclusive os destinados a mobilizar a opinião pública". (Hirschman, 1970, p. 40). Afirma ele que muitas vezes (principalmente, da parte dos economistas) sequer se admite a ideia de que possa existir, ao lado da concorrência, um outro mecanismo capaz de provocar a recuperação da qualidade em uma organização, sendo esta – a *voz* – vista como "uma mistura de incredulidade e assombro" (Hirschman, 1970, p. 39).

Destaca, também, que assim como a *saída* pode ser exagerada, a *voz*, se usada de forma demasiada, também pode ser negativa, pois "os membros ou clientes podem tornar-se tão insistentes e incômodos, que a certa altura, seus protestos impedirão em vez de ajudar, quaisquer que sejam os esforços de recuperação" (Hirschman, 1970, p. 41).

De um modo geral, ainda, é importante dizer que para Hirschman a relação principal entre *saída* e *voz* é a de que "a *voz* pode ser vista como sobra. Quem não usa a *saída* é candidato à *voz*" (Hirschman, 1970, p. 43). E que o uso da *voz* é bastante influenciado pelo tipo de organização – ou de produto – que está em exame.

Para exemplificar esta ideia, imagine-se, primeiro, o caso de um consumidor insatisfeito com a compra de uma goma de mascar. Se ele a adquirir e depois constatar que a qualidade do produto não estava de acordo com suas expectativas, a tendência será que este use a *saída*, e não a *voz*. Provavelmente ele não irá redigir um manifesto formal ao fabricante, reclamar pelo Serviço de Atendimento ao Consumidor, ou ingressar com uma ação judicial para receber de volta o valor do preço pago. O baixo preço do produto (assim como a existência de um amplo mercado de gomas de marcar) é um forte incentivo para o uso da *saída* e para o não uso da *voz*.

Mas ao mudar o produto, a conclusão é afetada. Se ao invés da goma de mascar se estivesse falando de um apartamento, muito provavelmente o comprador iria reclamar com o construtor sobre os defeitos, fazer comunicações formais e até ingressar com uma ação judicial, antes de pensar em se desfazer do bem e ir comprar outro apartamento. O alto valor investido no produto é um desestímulo à *saída* fácil, o que induz a que se use primeiramente da *voz*.

Este mesmo raciocínio, segundo Hirschman, vale para as organizações. No caso de uma insatisfação com um clube de lazer, provavelmente não se vá fazer muito esforço antes de se decidir sair do clube, ainda mais se perto de sua residência existirem outros de aparente boa qualidade. Já é diferente, por exemplo, no caso do casamento. Dada a importância que este tem para a vida social, a *saída* de regra será deixada para o final, sendo sempre antecedida de reclamações, conversas e discussões – em suma, de um amplo uso da *voz*.

As relações acima ocorrem dessa forma também porque o uso da *voz*, ao contrário da *saída*, de um modo geral é mais custoso quando comparado com o uso da opção *saída*.

Conforme Hirschman,

> em contraste com a opção de saída, a voz tem um custo e está condicionada ao poder de negociação e à influência de que gozam os fregueses e membros dentro da firma ou organização (...) Porque a voz tende a ser cara em relação à saída, o consumidor será menos capaz de usá-la conforme aumenta o número de bens e serviços que compra. É provável que para um grande número deles, o custo de dedicar mesmo um mínimo de seu tempo à correção das falhas de qualquer das entidades às quais está ligado exceda a estimativa dos benefícios esperados (1970, p. 47).

E conclui que esta "é também uma das razões pelas quais a *voz* tem um papel mais importante no que diz respeito a organizações, das quais o indivíduo é membro, do que a firmas, cujos produtos ele compra" (1970, p. 48).

Para finalizar essas observações iniciais, é importante agora falar um pouco sobre o conceito de *lealdade*, pois "as condições que favorecem a coexistência da *saída* e da *voz* são melhor compreendidas ao introduzir-se o conceito de *lealdade*" (Hirschman, 1970, p. 82). A observação inicial é a de que a presença da *lealdade* tende a diminuir a probabilidade da *saída*, ao passo que um membro mais leal a uma organização provavelmente usará mais a *voz*, até porque (dada sua lealdade) tentará se fazer influente junto a esta organização. Logo, "como regra, a *lealdade* põe de lado a *saída* e ativa a *voz*" (Hirschman, 1970, p. 83).

Um exemplo disso se pode obter no casamento. Dada a insatisfação de um dos cônjuges, a escolha entre usar a opção *voz* ou *saída* é afetada pelo grau de fidelidade dos parceiros. Aquele que for mais leal, possivelmente irá utilizar da *voz* para manifestar sua insatisfação. Já se não houver um grau alto de *lealdade* (ou de fidelidade, no caso), a *saída* poderá ser considerada desde o início, dados os altos custos inerentes ao uso da *voz*.

Por fim, deve-se dizer que a *lealdade* é bastante influenciada por "uma iniciação severa e alto preço de *saída*" (Hirschman, 1970, p. 95). É que, segundo ele

membros de uma organização onde a entrada é cara ou impõe uma iniciação difícil, adiarão o reconhecimento da deterioração, assim como o uso da voz. Pelo mesmo motivo, pode-se compreender que membros de tais organizações, informados da deterioração, lutem para provar que estavam certos em pagar uma taxa de entrada tão alta (Hirschman, 1970, p. 96).

É o conhecido caso, por exemplo, das gangues juvenis. No mais das vezes, essas mantêm rituais de entrada bastante severos, inclusive com fortes agressões físicas, que se justificam na medida em que, ao se "vender cara a entrada", este alto custo da iniciação acabará por levar a um aumento da *lealdade* ao grupo. Do mesmo modo, há a influência à *lealdade* pelo alto preço da *saída*. Imagine-se o caso, por exemplo, de um cidadão cubano que tem diante de si a possibilidade de fugir, sem sua família, para os Estados Unidos. A opção *saída*, aqui, mostra-se em princípio altamente custosa ao indivíduo, que para sair terá de ficar privado do convívio de seus familiares. Nesse caso, há um reforço, sem dúvida, da posição representada pela *lealdade*, qual seja a de continuar em seu país.

Pois bem, vistos estes conceitos iniciais da obra de Hirschman, examina-se, a seguir, como os mesmos podem se relacionar com o estudo da arbitragem no Brasil.

3.2. A "criação" da arbitragem no Brasil: a Lei 9.307/96

Embora esteja em evidência apenas na última década, especialmente com a edição da Lei 9.307/96 (conhecida como a nova Lei de Arbitragem), a verdade é que a via arbitral praticamente sempre esteve presente na legislação brasileira, existindo registros de sua existência desde os assentos imperiais de 1644 (BULOS e Furtado, 1997, p. 2); na primeira Constituição de 1824 e nos Códigos Comercial de 1850 e Civil de 1916 (Samtleben, 1996, p. 35).

Em que pese essa longa presença na legislação brasileira, parece certo que a arbitragem "era considerada letra morta por sua pouca ou nenhuma aplicação" (Silva, 2005, p. 7), até a edição da Lei 9.307/96 (Ramos, 1996, p. 298). É que antes da edição da citada lei, o procedimento existente para as arbitragens no Brasil sofria de, no mínimo, dois grandes (e graves) problemas. O primeiro era que a sentença arbitral, isto é, a decisão ofertada pelo árbitro ao final do processo, em que ele decidia quem tinha razão e em que termos, no sistema antigo tinha de ser previamente homologada pelo Poder Judiciário, para passar, então, a ser exigível. Ou seja, depois de transcorrido todo o processo arbitral, a parte vencedora tinha necessariamente de ingressar no Poder Judiciário para homologar o resultado de sua vitória na arbitragem. O segundo era que a lei não previa a chamada força vinculante da cláusula compromissória (Lemes, 196, p. 232). Isto é, no momento em que o contrato estava sendo assinado, as partes estabeleciam, por meio de uma cláusula compromissória, que as eventuais controvérsias decorrentes daquele instrumento não seriam resolvidas no Poder Judiciário, mas sim por um determinado árbitro ou tribunal arbitral. Ocorria, entretanto, que se porventura – quando surgisse um litígio – uma das partes se negasse a dar início à arbitragem, nada podia a outra fazer para compelir aquele que prometera se submeter ao processo arbitral.

Evidentemente, esses dois pontos contribuíam, em muito, para a enorme dificuldade do desenvolvimento da arbitragem no Brasil. De um lado, a estipulação de uma cláusula arbitral não trazia a segurança de que a arbitragem efetivamente ocorresse (pois se a parte, mais à frente, se negasse a cumpri-la, nada poderia ser feito) e, de outro, caso ocorresse, havia ainda a necessidade de, finalizado o processo arbitral, transpor-se o obstáculo da homologação da decisão junto ao Poder Judiciário (a qual implicava não só maior decurso de tempo como, não raro, intromissões dos juízes estatais no mérito das decisões proferidas pelos árbitros).

Tal realidade veio a modificar-se apenas em 1996, com a edição da Lei n. 9.307, conhecida como a nova Lei de Arbitragem. E como se chegou a essa nova Lei de Arbitragem? Através do movimento conhecido como "Operação Arbiter", que teve início pelas mãos de Petrônio Muniz (Lemes, 2005), advogado e professor pernambucano. Como o próprio declara, tal operação teve por objetivo a viabilização de "uma via paralela à Justiça comum com objetivos convergentes" (Muniz, 2005, p. 27), orientada pela necessidade de se rejeitar a ideia de que o Estado seja o único ente capaz de solucionar as controvérsias; ou, como ele também refere em passagem já transcrita, para que se pudesse "solucionar os litígios sem a presença do Santo Ofício da Justiça Estatal" (Muniz, 2005, p. 34).

É importante referir a afirmação de Petrônio Muniz de que houve um momento específico no qual ele percebeu que algo precisava ser feito com relação à prestação jurisdicional. Em outras palavras, houve um evento pontual: narra que estava assistindo a um julgamento no Tribunal de Justiça de Pernambuco, em 1990, quando ouviu um advogado, em uma sustentação oral, dizer: "Senhores Desembargadores. Este rapaz aqui ao meu lado é o meu filho, ainda não nascido quando esta causa iniciou-se. Da maneira como tramita, ele se formará em Direito e após a minha morte assumirá o meu lugar nessa mesma causa" (Muniz, 2005, p. 33). Diz que ele, naquele momento, fora plantada a semente para o movimento que ao final deu origem à nova Lei de Arbitragem.

Disso decorrem duas observações importantes, que mais adiante serão exploradas, mas que desde já merecem destaque. A primeira, de que o impulso para o movimento se deu justamente diante da constatação de um problema na qualidade da prestação jurisdicional estatal. Em outras palavras, a arbitragem foi vista, por Petrônio Muniz, como uma possível alternativa à má prestação de serviços pelo Poder Judiciário. A segunda, de que o fator tempo mostrou-se, na situação narrada, o problema mais importante. Veja-se que a crítica central não era de falta de especialização pelos julgadores, ou do eventual alto custo das despesas judiciais. O problema ali era de celeridade; era a ação judicial que, de tão demorada, ia passar de pai para filho, de geração para geração. Isso é ratificado quando Petrônio Muniz, enfaticamente, afirma que, desde o início, o movimento que depois veio a desaguar na Lei 9.307/96 sempre teve por objetivo acabar com o monopólio do Estado no campo jurisdicional. Assim, estando convicto de que o "Juízo Arbitral constitui a resposta ao impasse da deficiente prestação jurisdicional em nosso País" (Muniz, 2005, p. 36).

Para que o projeto pudesse desenvolver-se, entraram em jogo o Instituto Liberal de Pernambuco e a Associação Comercial de Pernambuco, pois havia a necessidade de "alguma entidade da qual nos pudéssemos valer do nome e do prestígio como base de sustentação do projeto e caixa de ressonância para nossas palavras em nível nacional" (Muniz, 2005, p. 41). Além disso, para que a Operação Arbiter obtivesse o resultado desejado, qual seja de edição de uma nova lei, precisou-se de um "padrinho" no Congresso Nacional (Muniz, 2005, p. 44). Entra em cena, então, o Senador Marco Maciel, que por seus vínculos com os ideais liberais, dispôs-se a ser o representante daquele movimento no Congresso Nacional (Muniz, 2005, p. 45).

Absolutamente fundamental, também, foi o trabalho realizado pela comissão que ficou encarregada de redigir o anteprojeto da nova Lei de Arbitragem. Como narra Carlos Alberto Carmona em entrevista para o presente trabalho:

O que aconteceu foi que em 1990, a associação das empresas e dos advogados de Pernambuco e instituto liberal, eles fizeram uma reunião lá em Pernambuco (em Recife) pra discutir a questão da revitalização da arbitragem e determinaram que houvesse uma segunda reunião aqui em São Paulo, na Associação Comercial. E na reunião da Associação comercial me convidaram, convidaram a Selma, convidaram o Pedro, então estávamos todos nessa reunião. A Ada Grinover, Professor Magano se não estou enganado estava nessa reunião, enfim uma série de pessoas que estavam interessados na arbitragem. E aí perguntaram quem teria interesse de participar de uma comissão e redigir um anteprojeto. Aí a Selma, eu e o Pedro nos voluntariamos. Não nos conhecíamos. Então nós nos conhecemos nesta reunião. A Selma estava dedicada ao direito internacional. O Pedro era professor da Candido Mendes naquela época de direito comercial. Tinha publicado um trabalho sobre arbitragem. E a minha tese de doutoramento, que eu ainda não tinha defendido, era sobre arbitragem, na área de processo. Então ficou internacional, comercial e processo, pra fazer um anteprojeto. O Pedro no Rio, nós aqui em São Paulo. Naquela época não tinha e-mail, não tinha nada. Era fax. E telefone. Aquele fax que apagava, uma coisa horrorosa. Enroladinho. E a gente fazia. Inclusive o trabalho era assim: a Selma ia no meu escritório e a gente redigia. Ligava para o Pedro e passava fax pra ele. Ele retornava com sugestões e a gente ia incorporando ao texto. E trabalhamos desse jeito. Em três meses fizemos o anteprojeto. E aí o apresentamos em uma nova reunião desse mesmo grupo de trabalho. A professora Ada Grinover fez algumas sugestões, as pessoas que também estavam discutindo, participando do projeto também fizeram algumas sugestões. Algumas foram colhidas e outras não. E no fim tínhamos um projeto pronto. (*sic*)

Muniz relata que um evento importantíssimo foi o Seminário Nacional de Arbitragem, ocorrido na cidade de Curitiba/PR, em 1992, que reuniu mais de trezentas pessoas, entre advogados, magistrados, promotores públicos, professores, acadêmicos, empresários e profissionais liberais. Ao final do evento, o anteprojeto, que fora redigido por Carlos Alberto Carmona, Selma Lemes e Pedro Baptista Martins, foi aprovado. Como refere Muniz, "A tese de uma justiça alternativa cidadã para o Brasil havia vencido" (Muniz, 2005, p. 55).

É importante lembrar que, no documento oficial de encaminhamento do anteprojeto, entregue ao Senador Marco Maciel, em 02/06/1992, para que desse andamento à proposta no Senado Federal, consta expressamente que:

Trata-se de matéria da maior relevância para a nação brasileira. O texto, se aprovado no projeto do qual Vossa Excelência é o ilustre patrono no Congresso Nacional, ensejará uma legislação moderna e eficaz para ensejar, como forma alternativa, a desobstrução da justiça estatal, a melhoria da prestação jurisdicional e a solução rápida das lides na área comercial, fatores indissociáveis do aprimoramento do regime democrático e da economia nacional (Muniz, 2005, p. 57).

Do texto do anteprojeto extrai-se essa importante passagem:

A arbitragem é instituto utilizado para solução de controvérsias desde os tempos mais remotos, e, em última análise, consubstancia a participação do povo na administração da justiça, à semelhança do que já ocorre com o tribunal do júri. O Estado, atento à necessidade de desenvolver outros foros para a pacificação social e para a solução de controvérsias, patrocinou, na última década, a criação dos Juizados Informais de Conciliação e dos Juizados Especiais de Pequenas Causas; após a Constituição de 1988 várias unidades da federação instituíram os juizados especiais cíveis e criminais, tendo como escopo agilizar os processos e facilitar o acesso à justiça. Agora é necessário criar um foro adequado às causas envolvendo questões de direito comercial, negócios internacionais ou matérias de alta complexidade, para as quais o Poder Judiciário não está aparelhado. É neste contexto que a arbitragem surge como excelente e insuperável alternativa para a solução de litígios, funcionando ainda para descongestionar os órgãos jurisdicionais estatais, excessivamente sobrecarregados na esteira do que vêm ocorrendo nos mais diversos países, especialmente europeus e sul-americanos (Muniz, 2005, p. 204).

Ao relatar as dificuldades de aprovação do projeto no Congresso Nacional, Petrônio Muniz lembra que os maiores obstáculos foram opostos pelos partidos de esquerda (PT, PC e PC do B), que apresentavam emendas com o nítido objetivo de descaracterizar de tal modo o projeto, para com isso inviabilizá-lo (Muniz, 2005, p. 29). Recordando que Carmona diz, em sua já referida entrevista, que a seu ver a arbitragem é algo neoliberal; pode-se supor que este sentimento era, de um modo geral, compartilhado também pelos partidos que, à época, estavam na oposição ao governo Fernando Henrique Cardoso.

Aprovada a Lei 9.307, em 23 de setembro de 1996, esta entrou em vigor trazendo mudanças substanciais para a arbitragem, tanto o é que se costuma dizer (embora equivocado tecnicamente) ser esta a norma que "criou" a arbitragem no Brasil, tamanha a modificação introduzida neste instituto pela nova legislação. Com um texto claro e elucidativo, a referida lei não só equiparou o Brasil, em matéria de arbitragem, aos países mais importantes do comércio internacional, como tratou de resolver os principais problemas que até então obstaculizavam o desenvolvimento da arbitragem no país.

Nesse sentido, como seria de se esperar, a nova lei retirou da legislação brasileira os dois pontos que mais dificultavam o procedimento arbitral no Brasil. O artigo 31 acabou de vez com a necessidade de homologação da sentença arbitral no Poder Judiciário, ao equiparar, para todos os efeitos, a sentença arbitral à sentença judicial. Além disso, nos artigos 3°, 6° e 7°, atribuiu à cláusula compromissória a fundamental força vinculante (ao incluí-la, junto com o compromisso arbitral, como espécie do gênero convenção de arbitragem), até então inexistente, por meio da qual, hoje, não pode mais uma das partes se negar, impunemente, a cumprir uma cláusula arbitral assinada.

Editada a Lei, em seguida surgiram discussões sobre a sua constitucionalidade. Em 08/05/1997, o Supremo Tribunal Federal foi convocado, por intermédio de um processo de homologação de uma sentença espanhola (SE 5206, AgRG/EP), a decidir, então, sobre a constitucionalidade ou não dos dispositivos da Nova Lei de Arbitragem. E, depois de longos e acalorados debates,[11] em 12/12/2001, o Órgão Pleno do Su-

---

[11] O julgamento teve início no STF atuando como Relator (encarregado de apresentar o primeiro voto, portanto) o Ministro Sepúlveda Pertence. Seu posicionamento, de forma resumida, era no sentido de declarar constitucionais todos os dispositivos da Lei 9.307/96 – incluindo aí a importante equiparação entre a sentença arbitral e a judicial – exceto aqueles que diziam com a chamada força vinculante da cláusula compromissória, por entender que, neste ponto, haveria ofensa ao artigo 5°, XXXV da Constituição Federal, que estabelece a chamada inafastabilidade de acesso ao Poder Judiciário que, a seu ver, seria ferida na medida em que a parte, mesmo que desejasse, depois de firmar uma cláusula compromissória arbitral, não poderia desistir da arbitragem e buscar a salvaguarda de seus alegados direitos junto ao Poder Judiciário. Contrapôs-se ao Ministro Pertence o Ministro Nelson Jobim, o qual fora o Ministro da Justiça quando da edição da Lei 9.307/96, durante o primeiro mandato do Presidente Fernando Henrique Cardoso. O Ministro Nelson Jobim destacou a necessidade de se manter intacta a Lei 9.307/96 tal qual publicada, na medida em

premo Tribunal Federal, pela maioria de seus membros, decidiu pela constitucionalidade de todos os dispositivos da Lei 9.307/96; não havendo hoje, portanto, espaço para quaisquer dúvidas sobre a perfeita regularidade legal e constitucional do instituto da arbitragem no Brasil.

3.3. A arbitragem e a Lei 9.307/96 como uma "saída" em relação ao Poder Judiciário

Um levantamento bibliográfico do que foi escrito sobre a Lei 9.307/96, logo após a sua edição, acaba por ratificar aquilo que Petrônio Muniz dizia ser o objetivo principal da "Operação Arbiter": de um modo geral, a arbitragem era vista como uma possível alternativa à prestação jurisdicional estatal.

A maioria das publicações relacionava a arbitragem com a chamada "crise do Poder Judiciário". Dizia-se, resumidamente, que a qualidade do serviço prestado pelo Judiciário estava bastante ruim (demora no julgamento dos processos, altos custos, falta de especialização dos julgadores, etc.) e que a arbitragem, nesse contexto, se punha como uma alternativa viável para que um melhor serviço fosse prestado, na seara das resoluções de conflitos. Algumas citações nesse sentido merecem ser transcritas. Vide, por exemplo, o que disse o Ministro Ilmar Galvão, do Supremo Tribunal Federal, no julgamento em que se decidiu pela constitucionalidade da nova lei:

> De outra parte, o Poder Judiciário passa, atualmente, por crise muito mais aguda do que aquela que assustou o renomado tratadista transcrito, e que se exprime por uma incapacidade que já se tornou crônica de enfrentar a cada vez mais volumosa avalanche de causas que lhe são apresentadas, decorrendo desse impasse o agravamento sempre crescente de uma mo-

---

que não haveria ofensa à Constituição Federal e ao princípio da inafastabilidade de acesso ao Poder Judiciário, pois a arbitragem somente poderia se dar sobre direitos patrimoniais disponíveis vinculados a um contrato específico firmado por pessoas capazes. Circunstância esta que atribuiria à força vinculante um caráter de renúncia parcial e especifica à jurisdição, que não colidiria com o texto constitucional.

rosidade que já extravasa os limites máximos do tolerável. Trata-se de fator que, sem dúvida nenhuma, pode constituir sério desestímulo aos negócios, justamente no momento que se prognostica um acentuado incremento nas atividades empresariais entre nós, sobretudo em decorrência do festejado fluxo de capitais alienígenas com vista à exploração de novos empreendimentos de natureza econômica. Não surpreende, portanto, que, diante de tal conjuntura, houvesse o legislador brasileiro acenado com a alternativa do Juízo Arbitral como solução para o grave problema, buscando assegurar o desenvolvimento econômico do país. (STF AGRSE 5.206-7, p. 1133)

Ou ainda:

A crise do Poder Judiciário, antes enfocada, é, sem dúvida, uma das causas da adoção do juízo arbitral, nos termos de nossa atual Lei de Arbitragem. (Tarso Santos, 2001, p. 72)

Às portas do terceiro milênio, é preciso flexibilizar o monopólio da Justiça pelo Estado, e pôr fim à cultura brasileira do paternalismo estatal, do Estado absoluto, centralizador e distribuidor de vantagens e benefícios, e de que a ele também incumbe resolver toda e qualquer pendência legal. O acúmulo de processos, as dificuldades no acesso, na administração e na realização da Justiça e a própria desmitificação do Estado, levar-nos-á – cedo ou tarde – obrigatoriamente, a adotar um approach mais prático e informal dos aspectos que envolvem a administração da justiça, com tendência transparente e convergente para a utilização e aprimoramento dos instrumentos alternativos de solução de conflitos, onde despontam a conciliação e a arbitragem (Martins, Lemes e Carmona, 1999, p. 11)

A arbitragem, já se disse, é um meio primitivo de resolver litígios que floresce nos momentos em que as instituições públicas gozam de menos prestígio (Magalhães e Baptista, 1986, p. 5)

E reconhecendo essa crise por que passa o Judiciário que em boa hora veio a lume a Lei nº 9.307/96, a qual pretende obviar as peias do formalismo processual tradicional, substituindo-o por um informalismo, cujo rito e cuja lei de regência dos conflitos das partes serão, por essas, adrede e livremente acolhidos (Lacerda, 1998, p. 35).

Além de verem a arbitragem como uma alternativa capaz de prestar melhores serviços do que o Estado, também era bastante divulgada a idéia de que a arbitragem iria acabar beneficiando o próprio Poder Judiciário. Nesse sentido a observação de Alexandre Câmara (1997, p. 2):

> Sendo grande o número de causas submetidas ao crivo dos árbitros, haverá uma proporcional diminuição da quantidade de trabalho que hoje tem o Judiciário brasileiro, verdadeiramente assoberbado por um número imenso de processos (...) Ao diminuir a quantidade de trabalho do Judiciário, melhorará sensivelmente a qualidade do serviço prestado por ele ao jurisdicionado, pois os juízes poderão decidir mais rapidamente (em razão da diminuição do número de processos para serem decididos), além de se poder esperar dos juízes decisões qualitativamente melhores (já que os magistrados disporão de mais tempo para examinar as causas que lhe são submetidas e, até mesmo, pra estudar, atividade a que muitos magistrados não se dedicam por absoluta falta de tempo, decorrente do excesso de trabalho).

Nessa linha, exemplificativamente, veja-se:

> Se as questões, principalmente as de Direito Contratual, fossem dirimidas pelo juízo arbitral, teríamos prestação jurisdicional muito mais célere e melhor, por força do enxugamento que isso representaria para a Justiça (Fiuza, 1995, p. 25).

E também:

> Com a redução gradativa do acesso à jurisdição estatal para dirimir questões patrimoniais de maior complexidade, os Magistrados certamente encontrarão mais tempo para se dedicar às causas que, de fato e de direito, não prescindem de sua efetiva participação, como instrumentos de pacificação social (Júnior, 1999, p. 23).

Feitas essas transcrições, salta aos olhos a evidente relação entre os diagnósticos e prognósticos feitos pela doutrina nacional e o conceito de *saída* desenvolvido por Hirschman. Parece adequado se pensar que a arbitragem foi vista, quando da edição da Nova Lei, como uma verdadeira opção de saída em relação ao Poder Judiciário. Aliás, ao atribuir à "Operação Arbiter" e a seu líder, Petrônio Muniz, o início desse processo, pode-se dizer que, desde o início, esse foi o seu principal objetivo.

Tomando o Poder Judiciário como uma organização e a prestação jurisdicional como o serviço que esta presta àqueles que a ela recorrem, parecia haver um consenso de que a qualidade do serviço prestado estava aquém do necessário. Estava-se, portanto, exatamente na situação de um decréscimo de qualidade. O que a sociedade começou a fazer? Reagir a essa queda no nível de qualidade. Em um primeiro momento o fez, de um modo geral, pelo uso da *voz*, que, nesse caso específico, pode ser vista como os sucessivos e repetidos movimentos de reforma na legislação processual vigente. Eram, em certo aspecto, as reformas "os gritos" de insatisfação dos jurisdicionados.

Esse mesmo período – década de 90 – foi caracterizado por um amplo conjunto de reformas na legislação e desenvolvimento de novas correntes de interpretação, pedindo uma prestação jurisdicional mais efetiva. E esta *voz* parece ter sido a forma encontrada pela comunidade dos operadores do direito nacional, para expressar sua insatisfação com a qualidade do serviço que lhes era prestado. É importante referir que, até aquele momento, vivia-se ainda o tempo do monopólio da jurisdição estatal. Como a Nova Lei de Arbitragem ainda não fora editada, não havia como – de fato – se adotar uma postura de *saída*, pois não havia uma saída institucionalmente prevista[12]; fato que explica o uso da *voz*, pois "quando a opção de *saída* não está ao alcance, a opção de *voz* é a única maneira de reagir, que têm os membros e clientes insatisfeitos" (1970, p. 42).

Além disso, não se pode esquecer que a comunidade jurídica brasileira sempre foi muito cara ao monopólio da jurisdição estatal. Como diz Pedro Batista Martins: "Na realidade, a cultura brasileira do paternalismo estatal, do Estado distribuidor de benesses, tem caráter atávico, o que inclui o entendimento de que é o Estado, através de seus órgãos

---

[12] É que, embora a arbitragem existisse na legislação, pelo procedimento anterior havia a necessidade de, ao final do processo arbitral, levar a decisão para homologação no Poder Judiciário. Logo, essa não se configurava como uma saída.

jurisdicionais, que deve resolver toda e qualquer espécie de conflito" (Martins, Lemes e Carmona, 1999, p. 8).

Disso decorre que, de acordo com Hirschman, seria normal que o uso da *voz* fosse a opção prioritária dos descontentes. É que nesse ponto entram em ação os efeitos que a *lealdade* traz aos indivíduos. Como ensina Hirschman, "a probabilidade da *voz* aumenta conforme o grau de *lealdade*" (1970, p. 83).

E o grau da *lealdade*, por sua vez, é bastante influenciado por dois fatores, que se relacionam entre si: a iniciação severa e o alto preço da *saída*. Como ele diz, "membros de uma organização onde a entrada é cara ou impõe uma iniciação difícil, adiarão o reconhecimento da deterioração" (1970, p. 96); e ainda "a capacidade de cobrar caro pela saída fornece à organização uma poderosa defesa contra uma das mais potentes armas do membro: a ameaça de *saída*".

Obviamente, se a *saída* é seguida de sanções severas, a própria ideia de *saída* é reprimida e não haverá ameaça expressa por medo de a sanção aplicar-se à ameaça como ao próprio ato (1970, p. 98). Ora, no que diz com os membros do Poder Judiciário, por exemplo, o alto grau de dificuldade para o ingresso na carreira pública (concursos difíceis, anos de estudo, início de vida em cidades pequenas, etc.) parece afetar a postura autocrítica destes com relação ao serviço de prestação jurisdicional, que é oferecido por sua organização.

Como visto, é esperado que, depois de muito se esforçar e sofrer para ingressar na organização judiciária, os magistrados tenham dificuldade em aceitar que o *output* da organização é muitas vezes falho e que uma alternativa possível, em alguns casos, seja a *saída*. Isso fica mais claro quando se percebe que, de um modo geral, o Poder Judiciário foi muito crítico quanto à instituição da arbitragem. E ainda hoje, em certa medida, continua a ser, como se verifica pela pesquisa feita pela Associação dos Magistrados Brasileiros,[13] coordenada pela Prof. Maria Tereza Sadek, que apontou que 89,8% dos magistrados ouvidos (3.258) entendem que o Poder Judi-

---

[13] http://www.amb.com.br/portal/docs/noticias/pesquisaamb2005.pdf

ciário deve ter o monopólio da jurisdição, ou seja, são contrários à arbitragem.[14]

Postura esta que se repete nas pesquisas de Castelar Pinheiro, ao constatar que o Judiciário avalia seu desempenho como "médio", de forma mais alta do que os demais setores da sociedade ouvidos, bem como "tendem a responsabilizar problemas alheios à sua própria atuação pela morosidade da justiça" (2005).

A *lealdade* acaba, também, por afetar a própria visão dos advogados sobre a arbitragem. Embora pudesse ser visto como um novo mercado para os advogados (seja atuando em arbitragens, seja como árbitro), na esteira do que refere Selma Lemes em sua entrevista, o reconhecimento da viabilidade da arbitragem parece ser freado por uma espécie de "depressão" que essa constatação traz.

Nesse sentido, a *saída* para a arbitragem sempre foi vista como um custo muito grande para o advogado. Significava reconhecer que aquilo que ele fez durante anos e anos não mais era adequado. Não mais era suficiente. Que, depois dele – finalmente – "dominar" a esfera jurisdicional estatal, tinha de "abandoná-la", para ingressar em um mundo novo e desconhecido. Logo, mostra-se esperado que, antes de se pensar em uma opção de *saída*, fosse a *voz* que adquirisse maior visibilidade, como acabou efetivamente se dando no caso da prestação jurisdicional.

Ocorre, entretanto, que os movimentos de *voz* mostraram-se insuficientes para que, isoladamente, se atingisse um grau de qualidade adequado na prestação de serviços jurisdicionais. Embora inúmeras mudanças tenham sido feitas neste período, parecia, com o tempo, consolidar-se uma opinião de que, ao lado das mudanças, outras alternativas tinham de ser

---

[14] Nesse ponto, não se pode negar, ainda, que a opinião dos magistrados pode ter uma explicação de fundo político, na medida é possível que alguns destes acreditem que a arbitragem possa constituir uma ameaça ao poder que os membros do Judiciário usufruem, na sociedade brasileira. Nessa linha, a canalização de causas para a arbitragem, ao invés de benéfica ao Judiciário (porque eventualmente o desafogaria de demandas), acaba por ser vista como algo negativo por alguns magistrados, pela proporcional diminuição de poder que isto poderia representar.

também pensadas. E é aí, nesse momento, que a ideia da arbitragem parece vir à tona com mais força. Como diz Selma Lemes em sua entrevista, a arbitragem "é fruto disso. É fruto dessa influência".

Não se pode esquecer que, naquele período, também se desenvolveram os chamados "Juizados de Pequenas Causas". Embora fossem de iniciativa estatal, representavam já uma espécie de "tentativa de *saída*" ao Poder Judiciário, ao menos em sua concepção clássica, na medida em que, nesse novo sistema, muitas das características da jurisdição estatal eram abandonadas ou, no mínimo, relativizadas. Tem-se aí, portanto, mais um indício de que era latente a necessidade de relativo "abandono" (*saída*, para Hirschman) da jurisdição estatal, no mínimo nos termos em que ela se manifestava.

E nesse ponto, portanto, é possível pensar que, no que diz com as relações entre estes movimentos reformadores (voz) e o desenvolvimento da arbitragem no Brasil (saída), deu-se um fenômeno do qual a *saída* – que até então não existia – foi justamente criada pelo intenso uso da *voz*. Tem-se aqui, pois, uma situação na qual *voz* e *saída* se auxiliaram, colaborando-se entre si. Curioso dizer que em seu livro, Hirschman acreditava basicamente que esses eram dois mecanismos que concorriam entre si, como afirma recentemente em seu outro livro *Auto-subversão*:

> Um tema recorrente de meu livro foi a afirmação de que não existe uma harmonia preestabelecida entre saída e voz; que, ao contrário, elas com freqüência trabalham com objetivos contrários e tendem a solapar uma à outra, em especial com a saída prejudicando a voz. (...) Esse padrão também poderia ser caracterizado como um modelo 'hidráulico' simples: a deterioração gera a pressão da insatisfação, a qual será canalizada para a voz ou a saída; quanto mais pressão escapa da saída, menos dela ficará disponível para impulsionar a voz (1996, p. 20).

Nesta obra citada acima, Hirschman se põe a analisar os acontecimentos de 1989, na Alemanha, que culminaram com a queda do muro de Berlim, e nessa tarefa chega à conclusão que – ao contrário do que ele propugnava anteriormente – "em algumas conjunturas significativas, como já se viu, a saída pode cooperar com a *voz*, esta pode emergir da *saída* e a *saída* por reforçar a *voz*" (1996, p. 53).

Ora, parece que o desenvolvimento da arbitragem no Brasil talvez possa ser visto como mais uma prova de que *voz* e *saída* podem se relacionar de forma positiva. No caso específico, de um modo que, ao que parece, teria passado despercebido pelo próprio Hirschman, qual seja: o fato de que, por vezes, o uso da *voz* pode acabar servindo não apenas para aumentar a *saída* (como se deu no caso da Alemanha), mas para fazer surgir a própria via da *saída*, quando esta até então era inexistente.

Isso se reforça, também, pelo tipo de argumento que se verificava quando da edição da lei, na linha de que a arbitragem poderia acabar por beneficiar o próprio Poder Judiciário. Embora, obviamente, sem fazer referência expressa a Hirschman, esse tipo de observação se enquadra com perfeição à visão que ele tem da *saída*, em relação à própria organização que perdia seus membros.

Segundo Hirschman, desde que a *saída* não seja, ao mesmo tempo, de todos os membros – isto é, sendo uma parte inerte ao decréscimo da qualidade – será benéfica à organização, pois será, com a decorrente queda da renda, informada do sentimento de decréscimo da qualidade por parte de seus clientes. E, com isso, poderá ser capaz de, em tempo hábil, tomar medidas para tentar retornar ao estágio satisfatório de qualidade, antes existente.

Considera-se, portanto, bastante viável analisar o "surgimento" da arbitragem em 1996, a Operação Arbiter, as críticas e elogios à Lei 9.307, entre outros, à luz dos conceitos de *saída*, *voz* e *lealdade*, tendo sido a arbitragem vista como uma típica opção de *saída*, como alternativa à jurisdição estatal.

3.4. O ambiente de surgimento da saída

Fixada no item anterior a premissa de que a arbitragem pôs-se como uma alternativa de *saída*, cumpre, agora, analisar alguns dos motivos pelos quais, apenas nos últimos vinte anos, a arbitragem passa a ser alvo de maiores estudos e projetos. Em outras palavras, "por que, desde 1980 já havia um movimento que estava procurando uma forma de resolver controvérsias fora do Poder Judiciário?", conforme referido por Carmona em sua entrevista.

E aqui se propõe uma visita a Parsons, eis que, como explica Guy Rocher (1989, p. 64):

> Parsons insiste num ponto central de sua teoria, a saber, que para cada um dos subsistemas, os outros três constituem o que chama de seu meio ambiente. Cada subsistema encontra-se, portanto, em relação de interação e de troca com cada um dos outros três subsistemas.

Adotando aqui a divisão do sistema social, a partir do quadro AGIL de Parsons, é possível identificar que algumas importantes mudanças ocorridas no subsistema econômico e no subsistema político acarretaram "mensagens", que foram recebidas e processadas pelo subsistema integrativo, no qual está o Direito (Quintaneiro e Oliveira, 2002, p. 139).

Pode-se pensar, inicialmente, nas transformações ocorridas no subsistema econômico, qual seja: o conjunto de transformações que se convencionou chamar de "abertura da economia", ocorrida no Brasil na década de 90 (Franco, 2004, p. 15). Ou ainda, de uma forma mais ampla, a própria globalização – como visto anteriormente - tida como "fenômeno complexo e multifacetado, com profundas implicações nas mais variadas áreas do conhecimento e nos mais diversos setores da vida social" (Faria, 1999, p. 7), ocorrida principalmente a partir da década de 80 (Faria, 1998, p. 10). Parece certo que – como afirma Selma Lemes em sua entrevista – a intensificação do comércio internacional pelos empresários brasileiros auxiliou na constatação da necessidade de viabilizar a arbitragem no Brasil, até porque "os contratos internacionais sempre vêm com cláusula de arbitragem".

Na medida em que a economia brasileira visava a aumentar seu tráfego com o ambiente internacional, havia um incentivo para que passasse a adotar algumas das regras usualmente utilizadas por esse mercado; dentre elas, a prática disseminada da arbitragem e uma certa rejeição aos juízos estatais nacionais.

De um modo geral, a intensificação das relações entre povos distintos sempre esteve relacionada com a arbitragem. Não é à toa que, como já dito, segundo Carmona ao tratar do histórico da arbitragem, "com a invasão germânica deu-se um novo impulso à arbitragem, pois as populações nativas preferiram ver suas contendas resolvidas pelo seu próprio direito e não segundo àquele do invasor bárbaro" (1993, p. 42). Os romanos estavam acostumados a ser julgados por romanos, com base em um sistema de normas já por eles conhecidas e há muito utilizado. Por isso não se sentiam confortáveis em ser julgados por aqueles a quem chamavam de "bárbaros", portadores que eram de regras e de valores bastante diversos dos existentes na sociedade romana. A arbitragem era, com isso, o mecanismo pelo qual podiam os romanos "fugir" do "direito bárbaro", seguindo a ser julgados por romanos e de acordo com as normas romanas. Vê-se nesse exemplo, já, a arbitragem a servir de *saída* para a jurisdição oficial.

Não se pode esquecer que este maior contato com outros povos e sociedades é um elemento que aumenta a complexidade das relações sociais. Fazendo-se aqui um paralelo com os tipos de solidariedade de Durkheim (1999) – quanto mais complexas as sociedades menos os indivíduos compartilham o mesmo conjunto de valores; menos estes são semelhantes. Os indivíduos são mais semelhantes em sociedades em que vigora a solidariedade mecânica referida por Durkheim, quando há entre si um grande compartilhamento de valores, supondo que, com isso, diminua a preocupação com relação a qual indivíduo irá julgar seu comportamento. Se todos são mais semelhantes, o ato de julgamento mostra-se bastante mais previsível, já que a maior coincidência dos valores leva a que se possa, de forma razoavelmente segura, imaginar a decisão a ser tomada.

Contudo, a situação se modifica bastante em sociedades ditas complexas, em que vigora a divisão do trabalho social e diminui consideravelmente o conjunto dos valores que são compartilhados por todos os membros do grupo. Como diz Durkheim (1999, p. 283) "a consciência coletiva torna-se mais fraca e mais vaga à medida que a divisão do trabalho se desenvolvia". Passa a haver, portanto, uma "maior independência dos indivíduos em relação ao grupo, permitindo-lhe variar livremente" (1999, p. 287). Com isso, aquele que será levado a julgamento não pode mais contar que será julgado por um semelhante, por alguém que conjuga dos mesmos valores, porque o número destes foi reduzido.

Um exemplo do reconhecimento disso na legislação brasileira vigente está na instituição do tribunal do júri. Naqueles casos de crimes dolosos contra a vida, a Constituição Federal estabelece no artigo 5°, inciso XXXVIII, como um dos direitos e garantias individuais, que o acusado não será julgado por um juiz togado, mas sim pelo próprio povo:

> A instituição do júri, de origem anglo-saxônica, é vista como uma prerrogativa democrática do cidadão, que deverá ser julgado por seus semelhantes (...) O júri é um tribunal popular, de essência e obrigatoriamente constitucional, regulado na forma da lei ordinária e, atualmente, composto por um juiz de direito, que o preside, e por 21 jurados, que serão sorteados dentre cidadãos que constem do alistamento eleitoral do município, formando o Conselho de Sentença sete deles (Moraes, 2004, p. 110).

Mas é importante referir que não será qualquer um do povo ou qualquer povo. A norma tem o cuidado de estabelecer que o júri deva ocorrer na localidade em que o crime ocorreu, em que residiam a vítima e o acusado. Em outras palavras, o acusado será julgado por seus "semelhantes", por aqueles que – ainda que de forma mais tímida do que nas sociedades "primitivas" – compartilham alguns valores comuns.

Voltando à arbitragem, tal qual os romanos que desconfiavam e rejeitavam o direito bárbaro, o incremento do comércio mundial, ao menos em um primeiro momento, tende a levar a que as partes de distintos países desconfiem e rejeitem os respectivos tribunais e legislações domésticas nacionais. Nesse contexto, portanto, a arbitragem realmente se desenvolve como umas das instituições-chave para a estruturação dos mercados internacionais (Dezalay e Garth, 1996, p. 7), porque funciona como uma espécie de "juízo neutro", capaz de ofertar a segurança almejada pelas partes.

Um outro fator que não pode ser desconsiderado é o fenômeno definido por José Eduardo Faria (1998, p. 9) como inflação jurídica, caracterizada pelo "crescimento desenfreado do número de normas, códigos e leis, de tal modo que a excessiva acumulação desses textos legais torna praticamente impossível seu acatamento pelos supostos destinatários e sua aplicação efetiva pelo Judiciário, ocasionando, por conseqüência, a 'desvalorização' progressiva do direito positivo e o impedindo de exercer satisfatoriamente as funções controladoras e reguladoras".

Dado o histórico da expressão inflação em nosso país, deve-se ter o cuidado, nesse caso específico, de referir que o fenômeno da inflação jurídica não pode ser visto apenas com olhos negativos. É que, sem dúvida, nesta avalanche de leis das duas últimas décadas, foram aprovadas normas absolutamente fundamentais para a concretização de uma sociedade mais democrática em nosso país. Vide, como exemplos paradigmáticos, a Constituição Federal de 1988, o Código de Defesa do Consumidor, de 1990 e a Lei de Responsabilidade Fiscal, de 2000.

Ficando apenas com esses exemplos, parece indiscutível que, se nem de longe foram capazes de solucionar todos os conflitos e problemas da sociedade brasileira, esta está melhor hoje com estas normas do que se não as tivesse. Porém, feita essa importante ressalva, tem-se que este excesso de normas teve como reflexo também a ocorrência de uma inflação de outro tipo, que se poderia designar como uma inflação de litígios judiciais. Embora a conhecida carência de dados estatísticos em nosso país, pode-se utilizar como exemplo o crescente aumento no número de processos julgados tanto pelo Supremo Tribunal Federal quanto pelo Superior Tribunal de Justiça.[15]

---

[15] Dados disponíveis no endereço eletrônico do Supremo Tribunal Federal (www.stf.gov.br) e do Superior Tribunal de Justiça (www.stj.gov.br).

Mas qual a importância disso para a arbitragem? Acredita-se que este aumento na demanda pelo Poder Judiciário, por parte da sociedade, especialmente em questões chamadas aqui de "não comerciais" – direitos do consumidor, questões de direito de família, personalidade, tributárias, etc. – acabou por contribuir para um relativo decréscimo na qualidade da prestação jurisdicional estatal nas questões comerciais, que são aquelas passíveis de se submeter à arbitragem, de um modo geral. Ou seja, a arbitragem como opção *saída* parece também ser fruto desse fenômeno de inflação jurídica, porque aumentou o sentimento de insatisfação da jurisdição em questões referentes a direitos patrimoniais disponíveis.

Suponha-se, por exemplo, que do dia para a noite fossem retiradas do Judiciário atual todas as questões relacionadas – por exemplo – aos "novos" direitos reconhecidos na Constituição Federal de 1988 e no Código de Defesa do Consumidor. Sem dúvida alguma o conhecido "congestionamento" do Judiciário seria – embora de má forma – atenuado. Se a arbitragem era vista como uma opção de *saída*, isto é, uma alternativa de melhor prestação jurisdicional para alguns casos, os fenômenos de inflação jurídica (legislativa) e sua consequente inflação de litígios, devem ser considerados, na medida em que contribuem para essa queda relativa de qualidade, por parte da jurisdição estatal.

Também não se pode esquecer – ainda analisando estas relações intersistêmicas que criaram um ambiente propício à arbitragem – que na década de 90, com o Plano Real, passou-se a conviver com um ambiente de estabilidade econômica, a partir do momento em que o processo inflacionário[16] foi contido. Este fato é importante para esse estudo porque um dos graves problemas do período inflacionário era que a inflação dificultava muito as atividades de planejamento por parte dos agentes econômicos.

No período da inflação, havia por vezes um desestímulo a que uma empresa se dedicasse, por exemplo, a estabele-

---

[16] Agora aqui utilizado na sua verdadeira acepção, econômica, de aumento contínuo e generalizado de preços com conseqüente desvalorização monetária (Luque e Vasconcellos, 2004).

cer, com uma outra empresa, uma atividade de parceira para explorar um novo mercado. O ambiente institucional atuava de forma a inibir atividades desse tipo, eis que a instabilidade era tamanha que os riscos de uma empreitada como essa poderiam não ser compensados com os ganhos obtidos, especialmente se comparados com os próprios ganhos (reais ou ilusórios) financeiros do processo inflacionário. De que adiantava buscar maior previsibilidade jurídica em um contrato (com uma cláusula de arbitragem, por exemplo) se o próprio país vivia num clima de total e absoluta instabilidade?

No momento em que isso se altera, em que o quadro institucional fica mais previsível, os agentes passam a pensar mais no planejamento do seu futuro. E com isso passam, cada vez mais, a tomar decisões e a firmar negócios hoje, que só serão executados e terão impactos daqui há anos ou décadas. Ora, na medida em que isso ocorre, a questão jurídica vem à tona com bastante força: as regras do jogo (North, 2004) adquirem maior importância.

Assim, aliada a essa estabilidade e previsibilidade econômica, passa-se a sentir a necessidade de maior estabilidade e previsibilidade jurídica, na medida em que – como as relações passam a ser menos imediatas e mais de longo prazo – o risco de conflitos e problemas (ou de externalidades negativas, usando a expressão dos economistas) aumenta sensivelmente. Vê-se, portanto, que essa estabilidade econômica do país acabou também se constituindo em um incentivo ao desenvolvimento da arbitragem.

3.5. Alguns dos motivos pelos quais a arbitragem pode ser vista como uma opção de saída

Nos dois itens anteriores afirmou-se que a arbitragem foi vista como uma alternativa do tipo *saída* em relação ao Poder Judiciário, e que o "meio ambiente" era favorável ao desenvolvimento da arbitragem. Parece, entretanto, que haja necessidade, agora, de se analisar também os motivos pelos quais a arbitragem era capaz de se mostrar como uma efetiva opção de *saída*, sendo, aos olhos de alguns, mais "vantajosa" quando em comparação com a jurisdição estatal. Tal exercício também é necessário porque – à luz de Hirschman – existe a premissa de que, para se constituir como uma *saída*, tenha ela que, necessariamente, ser vista como uma opção mais vantajosa.

É importante referir que o objetivo aqui não é realizar uma comparação entre a arbitragem e o Poder Judiciário, para destacar as vantagens e desvantagens de cada um dos sistemas de resolução de conflitos. Em suma, não se está a propor aqui uma análise de qual dos métodos de resolução de conflitos é melhor: se a jurisdição estatal ou a arbitragem. Pretende-se apenas descrever e analisar as vantagens que eram (e são) listadas pelos defensores da arbitragem, deixando de lado as possíveis desvantagens que, embora não tenham sua existência rejeitada, tão-só deixam de ser apreciadas em razão do escopo do presente trabalho, já que o foco apenas nas potenciais vantagens é necessário para, de forma mais sólida, firmar a arbitragem como uma opção de *saída*.

Estabelecida essa premissa, destaca-se que, de um modo geral, a doutrina jurídica (evidentemente que aquela mais favorável à arbitragem) identifica, de forma resumida, quatro[17] vantagens da arbitragem em comparação com a jurisdição es-

---

[17] Merece ser dito que, muitas vezes, inclui-se nessas vantagens o preço da arbitragem, que seria menor do que o processo judicial estatal. Ocorre que a prática – desde a edição da Lei 9.307/96 – com relação aos litígios empresariais (e principalmente os mais complexos) não vem confirmando isso. O custo do procedimento arbitral, individualmente considerado, pode muitas vezes superar as custas judiciais de um processo comum, na medida em que os órgãos arbitrais mais respeitados cobram custas relativamente altas e os árbitros, especialmente os mais reconhecidos, também fazem jus a honorários consideráveis. Logo, nesse sentido o preço não poderia ser visto como uma vantagem. É verdade, entretanto, que também se pode dizer que, como o procedimento é mais rápido (e oferta maior segurança), acaba ele por ser mais econômico, sim. É necessário, portanto, que quando se vá afirmar que o preço é uma vantagem, fique claro que se está a falar de preço em um sentido mais amplo, contemplando outras variáveis, que não apenas as despesas do procedimento em si. Feito isso, aí sim, passa a ser possível listar o preço como uma vantagem.

tatal: a celeridade dos julgamentos, a especialidade dos julgadores, a liberdade das partes e o sigilo do procedimento.

A celeridade – conforme inclusive confirmado nas entrevistas adiante transcritas – talvez seja a principal vantagem que se esperava da arbitragem; em suma, que o processo arbitral durasse menos que o processo judicial. A especialidade dos julgadores (que vem a ser, talvez, a vantagem mais alardeada pela doutrina), na medida em que se pode escolher para julgar a causa submetida à arbitragem um verdadeiro *expert* no assunto, o que não ocorre na jurisdição estatal. A liberdade das partes em poder criar um procedimento adequado à causa que possuem, sem ficar vinculadas às regras formais de processo. O sigilo do procedimento, ao contrário do processo judicial que é público, o que assegura a possibilidade de discussão de temas que, publicizados, poderiam causar danos às partes.

Essas eram as vantagens defendidas, quando da edição da Lei 9.307/96, por aqueles que defendiam a arbitragem. Eram esses os motivos, portanto, que levaram a arbitragem a constituir uma efetiva opção de *saída*, quando diante da comparação com a jurisdição estatal. Se não existisse um convencimento da existência dessas vantagens, a opção *saída* não existiria, porque esta – como ensina Hirschman – pressupõe a crença em que a via alternativa seja melhor do que a inicial, que está enfrentando um problema de déficit de qualidade.

Visto isso, se propõe agora, utilizando alguns conceitos trabalhados pela sociologia econômica, tentar uma abordagem distinta sobre essas vantagens, seja para tentar mostrar um viés normalmente não abordado pela doutrina jurídica, seja para, em alguma medida, propor a existência de vantagens não necessariamente percebidas quando da edição da lei, mas que devem ser salientadas.

3.5.1. A maior similitude de pensamento entre os árbitros e os empresários, do que entre os juízes e os empresários

De um modo geral, é possível supor que uma das vantagens que poderiam ser apontadas à arbitragem empresarial é a de que, em média, há maior similitude de pensamento entre os árbitros e os empresários, do que entre os juízes e os empresários. Parece viável que, usualmente, "as visões de mundo" dos árbitros estejam mais próximas da dos empresários, do que a dos juízes estatais, em média.

Embora essa questão possa ser abordada de várias maneiras – vide, por exemplo, a afirmação de Simonsen (1969, p. 262) em que fala da dificuldade que o funcionário público tem de lidar com o lucro, que é essencial ao empresário – no caso em exame busca-se deter em duas pesquisas recentemente realizadas.

Uma pesquisa interessante foi conduzida por Castelar Pinheiro, em 2002. Neste ano, o pesquisador do IPEA publicou um trabalho feito em 2000, no qual narra que:

> A pesquisa de campo foi executada através da aplicação de um questionário especialmente desenhado e previamente testado a uma amostra de magistrados, através de entrevistas pessoais, ou pelo menos com a entrega e posterior coleta do questionário, sendo feitas diretamente pelo entrevistador. A amostra final incluiu 741 magistrados, cobrindo o Distrito Federal e 11 estados" (p. 7).

Dentre as mais variadas conclusões desta pesquisa, a que cabe neste momento ressaltar é a considerável divergência entre juízes e empresários, com relação à forma pela qual os contratos devem ser interpretados e aplicados. Sendo assim, foi feita a seguinte pergunta: "Questão 8: Na aplicação da lei, existe freqüentemente uma tensão entre os contratos, que precisam ser observados, e os interesses de segmentos sociais menos privilegiados, que precisam ser atendidos. Considerando-se o conflito que surge nesses casos entre esses dois objetivos, duas posições opostas têm sido defendidas: A. Os contratos devem ser respeitados, independentemente de suas repercussões sociais; B. O juiz tem um papel social a cumprir, e a busca da justiça social justifica decisões que violem os contratos. Com qual das duas posições o(a) senhor(a) concorda?"

Com as respostas verificou-se que 73,1% dos magistrados escolheram a opção B, que privilegia a justiça social; 19,7%

optaram pela resposta A, que defende o respeito aos contratos; 2,8% responderam "Não sabe/sem opinião" e 4,3% não responderam (Pinheiro, 2002, p. 23). No tocante aos empresários de porte (que seriam aqueles aos quais a arbitragem mais se ajusta), observou-se que 72% afirmaram escolher a opção A, que privilegia o respeito aos contratos, sendo que 15% optaram pela resposta B – ou seja, uma posição quase diametralmente oposta à dos juízes.

Ou seja, a distância entre o que um empresário entende como um uma interpretação e/ou aplicação correta de um contrato, e o que um juiz entende por isso parece ser, na média, bastante grande. E isso é de grande importância quando se recorda, como bem dito por Parsons e Smelser (1965, p. 105), que "o contrato é a base institucional para a estrutura dos mercados"; ou ainda como diz Amartya Sen (2005, p. 23), que "a eficiência das trocas não poderia funcionar até que os contratos pudessem ser livremente firmados e efetivamente validados, por meio de reformas tanto jurídicas quanto de comportamento", referindo-se às relações entre as instituições jurídicas e o avanço do capitalismo.

Tem-se, com isso, que em um tema fundamental ao ambiente empresarial, que é o tema dos contratos, existe um baixíssimo compartilhamento de valores entre juízes e empresários.

É importante dizer aqui que, para o argumento proposto, pouco importa quem tem razão nas suas respostas. Pouco importa se os juízes estão ou não certos quando dizem buscar mais a justiça social do que o cumprimento puro e simples do contrato. Esteja quem estiver com a razão (e isso é questão que não faz parte desse trabalho) o que se pretende afirmar é essa notável distância de posicionamento entre empresários e juízes.

Vale dizer também que, afora essa pesquisa de Castelar Pinheiro, há o trabalho de Lamounier e Souza (2002). Nesse, quando feita uma pergunta semelhante, também os empresários responderam de forma praticamente oposta aos magistrados, com relação ao valor que deve ser dado aos contratos.

É curioso afirmar, ainda, que dentre as outras categorias incluídas na pesquisa (intelectuais; religiosos e ONG's; imprensa; executivos do governo federal; senadores e deputados federais; dirigentes de entidades de representação sindical e liderança do segmento de pequenas e médias empresas), apenas os dirigentes de entidades de representação sindical responderam de forma mais favorável à opção de intervenção no contrato, do que os magistrados ouvidos.

Mas em que medida isso se relaciona com a arbitragem? É que, como já visto em Durkheim, as pessoas normalmente se sentem mais seguras ao serem julgadas por semelhantes. Recorde-se o direito constitucional que tem o cidadão brasileiro de, em alguns casos, ser julgado pelo tribunal do júri, formado por pessoas da mesma localidade que o acusado, justamente para que quem o julgue sejam pessoas que compartilhem, genericamente, de seus valores. Segurança, essa, que no caso do ambiente empresarial pode ser traduzida por previsibilidade ou, ainda, calculabilidade, para utilizar a expressão weberiana.

Disso decorre uma conclusão que se julga importante. Independentemente de quem tenha ou não razão, se – simplificando – os empresários acham importante o respeito aos contratos e os magistrados não (entendida essa afirmação no contexto das pesquisas antes referidas), quando existir um contrato entre empresários, sempre que possível devem estes tentar fugir de uma interpretação pelos magistrados, na medida em que estes, possivelmente, irão analisar o contrato com olhos diversos da visão dos empresários.

Em outras palavras, seria bastante conveniente aos empresários que alguém – que não os magistrados, de um modo geral – interpretassem os contratos que são, por si, firmados. Sempre que possível, portanto, seria racional a "fuga" da interpretação contratual dos magistrados, na medida em que estes possuem "visões de mundo" bastante diversas dos empresários. Nesse sentido, portanto, essa dissonância de entendimento sobre os contratos entre empresários e juízes seria um fator de incentivo à escolha da arbitragem, com a suposição de que com os árbitros isso ou não ocorreria, ou ocorreria em menor grau do que os juízes.[18]

3.5.2. *A possibilidade de escolha do árbitro pelas partes: a existência de* accountability vertical

Dentre as vantagens comparativas atribuídas à arbitragem em relação ao Poder Judiciário – tendo o cuidado, sempre, de não tomá-las como absolutas (Carmona, 1993, p. 72) – está a possibilidade de que as partes possam eleger aqueles que irão julgar a sua causa. Nesse momento, pretende-se abordar essa questão sob um outro ponto de vista.

Como exposto anteriormente, ao contrário da arbitragem, no processo civil brasileiro, a escolha do julgador se dá, de regra, por sorteio. Quem deseja ingressar com uma ação judicial deve protocolar sua ação no foro competente. Em seguida a esse protocolo, dar-se-á a distribuição da demanda, por sorteio, a um dos juízes daquela comarca. Disso decorre que o processo poderá "cair" com qualquer um dos vários juízes sediados naquela comarca – respeitadas, obviamente, as normas legais e regimentais sobre sua competência.

Não há, portanto, a possibilidade das partes direcionarem sua causa a um específico juiz, seja porque tem uma notória especialidade no assunto que deverá ser decidido, seja porque em uma ação anterior mostrou-se ser um magistrado competente e célere. A "escolha" do julgador, na jurisdição estatal, é fruto da sorte.

Na arbitragem, entretanto, como já dito, a sistemática é bastante diferente. Coerente com o princípio da autonomia da vontade que a inspira (Lemes, 2001), nesta as partes escolhem o árbitro ou os árbitros que irão julgar a controvérsia. Decidem, de comum acordo, nomear como julgador, ou

---

[18] Não se tem ciência da existência de uma pesquisa que repetisse ao "mundo da arbitragem" essas perguntas a que foram submetidas às outras categorias, embora fosse atividade deveras interessante para confirmar ou refutar as especulações acima. Entretanto, ainda que isso não ocorresse, a configuração da arbitragem como saída não ficaria descaracterizada, porque o que interessa para a visualização da saída é menos a qualidade real do concorrente, e mais a qualidade que o agente imagina que o concorrente possa ter, como Hirschman bem detalha em seu trabalho.

seja, como aquele que irá dizer de forma definitiva qual deles têm razão, alguém que, por algum motivo, é de confiança das partes. E é dessa confiança das partes que decorre a autoridade dos árbitros (Guerreiro, 1993, p. 1).

Exposta a diferença, seria então de indagar: mas qual a vantagem dessa possibilidade de escolha do árbitro? De um modo geral, a doutrina jurídica brasileira se inclina em apontar a possibilidade que se tem, com isso, de indicar como árbitro um *expert* na matéria (Carmona, 1993, p. 16). Sabe-se que, por sua própria formação, a maioria dos juízes estatais pode ser classificada como generalista (Magalhães, 1986, p. 18), no sentido de que sua atividade profissional exige o conhecimento de um amplo leque de variadas questões jurídicas, sem que tenha – até pelo expressivo volume de casos a serem apreciados – a possibilidade de por vezes se especializar em um único tema.

Ocorre que, usualmente, a arbitragem é utilizada justamente em questões de alta complexidade, de elevado grau de especialização (Wald, 2005, p. 17), em que é necessário um profundo conhecimento técnico para julgar a questão litigiosa entre as partes (Reale, 2005). Nesse contexto, portanto, a vantagem em se escolher o árbitro – e nisso a doutrina é bastante tranquila – estaria na possibilidade de indicar alguém que, efetivamente, domina o assunto versado naquela lide, fato que traria às partes envolvidas maior segurança com relação à qualidade da decisão a ser proferida.

Embora se concorde com essa posição – mais adiante inclusive melhor trabalhada – há um ponto, uma consequência disso, que normalmente não é explorado: o fato de que, com a escolha do árbitro pelas partes, acaba sendo criado um mecanismo de *accountability* vertical entre as partes e os árbitros (O'Donnell, 1998). Oportuno atentar que na arbitragem, ao contrário do que se dá na jurisdição estatal, as partes têm a possibilidade de, ao término do processo, realizar um efetivo (e profícuo) julgamento do trabalho realizado pelo árbitro ao longo do procedimento arbitral.

É evidente que, também na esfera estatal, ao final de um processo, cada uma das partes pode fazer sua análise de como se portou o magistrado naquela causa: se ele decidiu de forma técnica ou não, de forma célere ou não, se foi razoável ou desproporcional, entre outras considerações. Só que essa análise feita pela parte terá pouca ou nenhuma consequência de ordem prática. Tal se dá porque, como já referido, o juiz no processo estatal é escolhido por sorteio. Imagine-se, portanto, que a empresa "A" tenha – ao final do processo – ficado bastante descontente com um juiz; achando que ele foi lento demais, pouco claro em suas decisões, não primou pela melhor técnica, entre outros problemas. Nada impede que, no dia seguinte ao final daquele processo, caso a mesma empresa "A" for distribuir uma nova ação, seja esta direcionada, por (má) sorte àquele juiz que recebeu sua avaliação negativa.

Isso seria totalmente diferente no caso da arbitragem. Como o árbitro é escolhido pelas partes, aquele que – por algum motivo – receber uma avaliação negativa, poderá ser, sem qualquer dificuldade, afastado dos próximos procedimentos arbitrais. Há, portanto, um eficaz mecanismo de proteção das partes, uma vez que podem, ao final de um processo arbitral, com base na avaliação da atuação do árbitro, decidir por escolhê-lo ou não como o decisor de seus próximos casos.

Não se pode esquecer, ademais, que no ambiente empresarial nada impede que, em um mesmo dia, sejam firmados inúmeros contratos; e todos (ou quase todos), dependendo da área de atuação da empresa, poderão conter cláusula arbitral. Em tal ambiente, que é cada vez mais frequente, o sistema de *accountability* vertical, que existe na Lei de Arbitragem, é extremamente atraente às empresas. Com isso, ao longo do tempo, diminuem as chances de escolher, por equívoco, um árbitro ruim,[19] na medida em que existe este processo de depuração daqueles que, em um procedimento arbitral, não atuam na forma e com o nível de excelência exigido. Cria-se,

---

[19] Aqui não se está a chamar de ruim aquele árbitro que julga contra os interesses da empresa, mas sim aquele que, independentemente do lado que sair vitorioso, mostra-se incapaz de atender às expectativas de ambas as partes.

portanto, uma espécie de seleção, na qual os árbitros "ruins" tendem a ser postos de lado em benefício dos "bons".

A existência dessa *accountability* vertical, portanto, acaba por ser uma eficiente redutora dos custos de transação, já que diminui, para as partes envolvidas, a incerteza sobre a postura daqueles que serão chamados a, futuramente, "completar" os contratos (inerentemente incompletos), por força das lacunas decorrentes do pressuposto da racionalidade limitada.

3.5.3. O pequeno mundo da arbitragem como um incentivo à razoabilidade nas decisões

Uma outra questão que merece ser também destacada diz com as consequências benéficas de ser o "mundo da arbitragem" constituído por um pequeno grupo de pessoas, que se conhecem e se repetem, nos mais variados procedimentos. Como lembra Carlos Alberto Carmona, em sua entrevista, repete-se no Brasil aquilo que, de modo geral, caracteriza as arbitragens em nível internacional:

> É seleto, é pequeno e é boca a boca. A gente comenta tudo. Não do caso, evidente, que é sigiloso. Mas de comportamento, de capacidade. Isso tudo circula pelo 'mundinho'. (...) É claro que é uma coisa muito dispersa, muito suave, muito sutil e nós estamos falando de órgãos arbitrais de alto gabarito. Então nestes, evidentemente, os árbitros basicamente circulam em todas as arbitragens. São os mesmos, os mesmos árbitros e, portanto, a gente comenta: 'olha, aquele ali não é uma pessoa que funcione bem; o sujeito é preguiçoso; ou atrasa muito ou então é muito impositivo'. Você vai procurando, também, um grupo melhor, porque os árbitros é que indicam os presidentes. Então normalmente você vai formando certos grupos que tenham uma certa homogeneidade.

Diante desse depoimento, importante recordar alguns dos ensinamentos de Giovanni Sartori sobre o funcionamento do que ele chama de comitês. Sartori (1994) define os comitês como um "grupo pequeno de interação face a face", que se mostra "durável e institucionalizado" (p. 304), sendo que esse grupo "toma decisões em relação a um fluxo de decisões" (p. 305). Ora, tal descrição possui alguma similitude com o que se dá na arbitragem. Como visto, o grupo dos árbitros é pequeno, o qual possui a autoridade legal (institucionalizados, portanto) e são duráveis na medida em que "seus membros agem como se fossem permanentes" (p. 305), dado que os mesmos árbitros se repetem em sucessivas arbitragens (fluxo de decisões).

Nessa esteira, tomando emprestado de Sartori esse conceito de comitê, e considerando também a já tratada existência de uma *accountability* vertical, pode-se supor que há a tendência de que, em média, determinados comportamentos não-razoáveis apareçam em menor número na arbitragem do que usualmente se vê na jurisdição estatal. É que as partes envolvidas sabem que a arbitragem em que estão não será a única ou a última de suas vidas. Muito provavelmente, tanto os árbitros quanto os advogados das partes terão o objetivo de se encontrarem, no futuro, em outros procedimentos arbitrais. E se eles pretendem se manter ou se inserir no "mundinho" da arbitragem – usando a expressão de Carmona – parece razoável supor que tentem, na medida do possível, pautar-se por uma maior razoabilidade, sob pena de, fugindo dessa, não mais serem escolhidos pelas partes ou por seus próprios colegas.

Embora os árbitros tenham a mesma autonomia que os juízes estatais para a tomada de suas decisões (art. 18 da Lei 9.307/96), na prática a existência desse sistema de escolha dos árbitros, por parte dos jurisdicionados, pode criar um benéfico[20] constrangimento, acabando por desestimular os árbitros a assumirem posturas não razoáveis, com receio de que, mais tarde, sejam punidos – com a não escolha – pelas partes, que geralmente fazem uso da arbitragem.

Estabelece-se, pois, um sistema de concorrência entre os árbitros, que não ocorre no processo judicial, porque neste

---

[20] Não se nega que o estabelecimento de um mercado, nesse sentido, pode trazer também efeitos negativos. Aliás, Carmona é expresso em sua entrevista em referir da possibilidade de que um árbitro procure atender mais aos interesses daquela parte que o escolheu (no caso de arbitragens compostas por três árbitros). Todavia, como já dito o objetivo no presente trabalho está centrado nas vantagens e, além disso, acredita-se que a existência da *accountability* sirva, em certa medida, para frear algumas idéias de favorecimento mais evidente a uma das partes.

não há mercado, porque não há escolha do julgador, mas sim sorteio.

3.5.4. A especialização dos árbitros e o consequente aumento de previsibilidade

Como já dito, segundo Weber, em seu clássico *Economia e Sociedade*, para o bom desenvolvimento dos negócios interessa "um direito inequívoco, claro, livre de arbítrio administrativo irracional e de perturbações irracionais por parte de privilégios concretos: direito que, antes de mais nada, garanta de forma segura o caráter juridicamente obrigatório de contratos e que, em virtude de todas estas qualidades, funcione de modo calculável" (1999, p. 129).

Tal ânsia por um elevado grau de calculabilidade das normas jurídicas passa a ser mais bem compreendida quando relacionada com o conceito de racionalidade limitada de Herbert Simon (1984). Como já visto anteriormente, Simon afirma que os seres humanos agem de forma racional; porém, conseguem ser apenas limitadamente racionais, no sentido de que não têm eles condições de realizar todos os cálculos e análises para tomar sempre a decisão que é a mais correta em cada caso. Rejeita-se, com isso, o pressuposto ideal (e neoclássico) de hiper-racionalidade do agente. No que importa aos contratos – e, por conseguinte, à arbitragem – é que se a racionalidade é necessariamente limitada, os contratos, por sua vez, necessariamente também terão de ser limitados.

Mas, retornando ao estudo da arbitragem, é de se indagar: qual a consequência disso tudo? Ao que se tem que, se os contratos serão sempre incompletos, alguém terá de "os completar" quando surgirem, entre os contratantes, discussões de interpretação ou situações que não estavam previstas nas cláusulas contratuais. Em um sistema democrático, essa tarefa de regra é confiada ao Poder Judiciário; é neste em que são usualmente dirimidas as dúvidas e controvérsias contratuais. Mas caso se opte pela arbitragem, qual a vantagem? É que as partes podem, desde o início, estabelecer que quem irá resolver os conflitos de interpretação daquele contrato (completá-lo, em outras palavras) será um *expert* no assunto, que está sendo tratado naquele contrato.

Imagine-se, por exemplo, um contrato de *joint venture*, firmado entre uma empresa americana e uma empresa brasileira, para o desenvolvimento de produtos químicos a serem exportados, do Brasil, para o mercado de calçados chineses. Por mais que os advogados das partes estejam acostumados com tais negociações (e mesmo que as empresas também já tenham se envolvido em operações semelhantes), o contrato será sempre incompleto. E então, quando um problema surgir, como será ele resolvido? Se não tiver havido a escolha de arbitragem, supõe-se a situação de um juiz brasileiro – por exemplo, localizado no interior do Rio Grande do Sul – tendo de completar esse contrato. Será que este magistrado terá condições de completar este contrato? Será que ele possui o *know how* adequado para compreender todas as minúcias e peculiaridades deste tipo de mercado? Possivelmente não. Seja porque sua formação não foi feita para isso, porque contratos dessa complexidade não são por ele enfrentados todos os dias; seja porque – se fosse o caso – ele teria de parar e se dedicar dias e dias a bem compreender a causa, o que é impossível, frente ao grande número de processos que a cada hora se avolumam nos cartórios forenses.

Parece claro que o contrato tenderia a ser mais bem "completado" se fosse chamado para tal tarefa alguém que já conhecesse bem esse tipo de contrato, a prática comercial, as nuances do mercado chinês de calçados; dominasse os idiomas utilizados na transação, entre outros pontos. E a arbitragem possibilita isso. Se as partes tivessem escolhido um tribunal arbitral internacional – como a Câmara de Comércio Internacional de Paris, por exemplo – sem dúvida lá existiriam árbitros que estão, há décadas, a julgar contratos de *joint ventures* como esse, tendo inclusive inúmeros especialistas no mercado chinês, dada a crescente importância deste país no cenário internacional.

Tal especialização trará segurança às partes, reduzindo os custos de transação da operação comercial, já que a margem de risco com que elas trabalharão será reduzida, pois um árbitro com esta *expertise* é bem mais previsível do que seria, nas mesmas condições, aquele juiz, utilizado no exemplo citado.

4. A pesquisa realizada

Com o intuito de obter maiores informações sobre o conjunto de atividades, que culminou na Lei 9.307/96, buscava-se entrevistar, para a dissertação que dá origem ao livro, os três membros da comissão redatora da Nova Lei de Arbitragem, Selma M. Ferreira Lemes, Carlos Alberto Carmona e Pedro A. Baptista Martins; conseguindo, ao final, entrevistar apenas os dois primeiros.

Selma M. Ferreira Lemes é considerada a "Dama da Arbitragem no Brasil" (Muniz, 2005, p. 56), sendo uma das mais conceituadas árbitras no Brasil, tendo sido a única mulher a compor o grupo dos três autores do anteprojeto que deu origem à Lei 9.307/96. A entrevista ocorreu em 01/04/2006, no aeroporto Salgado Filho, em Porto Alegre/RS. Por ocasião de sua vinda a Porto Alegre, para um congresso sobre arbitragem na PUCRS, o pesquisador agendou com ela a entrevista.

Carlos Alberto Carmona é professor de Direito Processual Civil, na Faculdade de Direito da USP e, indiscutivelmente, uma das maiores autoridades em arbitragem no Brasil, tendo forte atuação como árbitro. Também foi um dos três autores do anteprojeto que deu origem à nova Lei de Arbitragem. A entrevista ocorreu em 08/05/2006, em seu escritório de advocacia, na cidade de São Paulo/SP.

Neste capítulo, destacam-se os pontos considerados mais importantes das entrevistas realizadas, tecendo observações e relações entre as informações e opiniões obtidas e o desenvolvimento teórico feito ao longo desse trabalho. E, já de início, registra-se que a análise das entrevistas, de um modo geral, demonstra um razoável grau de afinidade e semelhança entre as posições dos dois entrevistados. Embora cada um deles tenha um enfoque mais forte na sua área de especialidade (Selma Lemes, Direito Internacional, e Carlos Carmona, Processo Civil), pode-se dizer que existem muito mais semelhanças do que diferenças entre as posições expostas.

4.1. A globalização e os contratos internacionais

Ambos os entrevistados, já no início da conversa, fizeram expressa referência[21] [22] ao livro organizado por Petrônio Muniz, "Operação Arbiter" – bastante utilizado nesse trabalho – como uma importante fonte de informações e dados sobre o movimento que culminou com a Lei 9.307/96. Ainda nessa seara, e especificamente sobre o ambiente em que foi editada a referida lei, percebe-se algumas diferenças de opinião entre os entrevistados. Por parte de Selma Lemes, há um destaque maior na importância que as empresas estrangeiras e os contratos internacionais tiveram para o desenvolvimento da arbitragem no Brasil.

---

[21] Selma Lemes: "Eu recomendaria que você primeiramente consultasse um livro, do Doutor Petrônio Muniz, não sei se você já conhece, Operação Arbiter. Porque aquele livro dá a história toda da lei. Então, como foi a parte política, de aprovação da lei, conta tudo; onde nós nos reunimos pela primeira vez, como tudo começou, entendeu? Então esse livro te dá uma noção muito boa. E esse livro é editado pelo Senado Federal. Se você consultar esse livro vai ser ótimo porque ai você terá uma noção de tudo, perfeita".

[22] Carlos Alberto Carmona: "Ah, aquele livro é muito bom. Operação Arbiter. Você liga pra ele, se for o caso, e ele te manda o livro. Depois te dou o telefone dele pra você ligar. É excelente a obra dele. É nova; ele fez o ano passado. Mas ele conta todas as histórias, e com aquela verve, que você já imagina do recifense, que é aquela coisa mais bombástica, tal. É um excelente livro. É um pró-memória assim. Excelente livro, vale a pena ler. Muito, muito interessante. Vale a pena você ler, por que lá você vai encontrar muita coisa, inclusive datas, as emendas que foram sugeridas para arbitragem, as doze emendas, ele compilou todas. Então ele fez um trabalho assim, bem bacana"

A arbitragem se insere no contexto nacional, num contexto das reformas do Código de Processo Civil em todos os sentidos, sempre pensando em melhorar a prestação tradicional. E aí a arbitragem entra nesse sentido, neste contexto. Agora, nós não podemos deixar de pensar numa amplitude maior, numa conotação também internacional, porque a globalização da economia, a intensificação do comércio internacional, fizeram com que os contratos tivessem ... quer dizer, sempre tiveram contratos internacionais, mas começaram a ter muitos contratos internacionais.

PESQUISADOR
A abertura do Brasil neste ponto foi um incentivo?

SELMA LEMES
Foi um incentivo, porque aí você passa a receber uma demanda internacional. E os contratos internacionais sempre vêm com cláusula de arbitragem. E a essa demanda internacional naturalmente nós não estávamos preparados pra isso, porque a nossa legislação não colabora, não colaborava. Porque havia um entendimento equivocado do Judiciário. E eu entendo o seguinte: que o grande da arbitragem no Brasil em termos de texto legal não era e nunca foi pela razão da lei, mas muito mais por uma questão de interpretação judiciária. Se o Judiciário tivesse feito uma interpretação mais rígida dos conceitos, dando efeito vinculante à cláusula compromissória, tivesse feito uma construção jurisprudencial nesse sentido, como ocorreu nos países latino-americanos....Você pega a legislação Argentina, você vê que eles estão com o mesmo texto de antigamente. Hoje eles estão ultrapassados, a legislação chilena está ultrapassada. Estão ultrapassados estes textos, mas sempre houve um entendimento de que arbitragem era uma coisa séria. Se você colocou uma cláusula tem que honrar. E se você não nomeia os árbitros o Judiciário então nomeia por você. Mas não foi essa a tendência nacional, no Brasil o Judiciário entendeu que não. Que a cláusula compromissória era uma cláusula como outra qualquer. Então se impunha, era necessário um texto que atualizasse isso. E esse é um dos motivos que fez surgir a lei de arbitragem.

Veja-se que Selma Lemes refere que "os contratos internacionais sempre vêm com cláusula de arbitragem", corroborando com a afirmação anterior de que a esperada desconfiança que as partes envolvidas têm dos órgãos judiciários estrangeiros, acabe por constituir um incentivo ao incremento da arbitragem, na medida em que esta se apresenta como uma solução mais "neutra" e segura. A entrevistada, além disso, faz expressa menção à globalização internacional como um fator de incentivo ao desenvolvimento da arbitragem no Brasil, apoiando, com isso, a afirmação de que a arbitragem da Lei 9.307/96 foi um dos reflexos, no sistema jurídico, desse movimento de ordem mais econômica.

Vale destacar, ainda, que Selma Lemes acaba por oferecer reforço à ideia de que os advogados – especialmente de grandes empresas ou escritórios de advocacia – tiveram um impulso importante no desenvolvimento da nova lei. Aqui parece ela anuir com este possível papel para o desenvolvimento da arbitragem dos advogados, seja das grandes *law firms* (Dezalay e Garth, 1996), seja dos que internamente trabalham em grandes empresas:

PESQUISADOR

Pela sua impressão, são empresas internacionais que não tiveram a experiência no judiciário brasileiro e apenas o temem por não conhecer, ou tem muitos casos de empresas que procuram a arbitragem porque em casos semelhante, antigos, lá não foram bem resolvidos, ou porque demorou, ou porque teve alguma insegurança?

SELMA LEMES

Eu não sei, eu acho o seguinte: uma coisa é verdadeira, quando você está lidando com uma empresa multinacional ela já tem uma tradição, conhece, porque isso já vem da matriz. Então é mais fácil você explicar e convencer e até o entendimento é mais rápido, quando você está trabalhando com uma empresa multinacional. Empresa de advogado também. Quando você está tratando com advogado interno da empresa, são advogados que têm uma noção do tipo corporativa, uma noção de business. Eles entendem e verificam a arbitragem como uma boa saída para as questões frente ao Judiciário. Agora, eu acho assim que o empresário, o empresário, ele conhece, ele ouviu falar do tema, mas ele sempre vai se consultar com o advogado dele.

Carmona, por sua vez, embora reconheça que a expansão do comércio internacional tenha acabado por dar um impulso ao desenvolvimento da arbitragem no Brasil, assevera que não se pode atribuir às empresas estrangeiras demasiada importância, afirmando que o movimento seria mais "de dentro para fora":

PESQUISADOR

E nesse panorama, as empresas de fora, as empresas estrangeiras – neste período o mercado começa a se abrir mais – houve, digamos assim, um incentivo por parte delas para o desenvolvimento da arbitragem? A arbitragem se desenvolveu, teve um maior impulso em seu desenvolvimento por conta destas empresas estrangeiras que estavam vindo?

CARLOS ALBERTO CARMONA

Olha, a minha experiência é particular, porque eu não tenho um conhecimento geral de estatísticas. Eu tenho muita arbitragem de empresas nacionais. Litígios nacionais, entre empresas brasileiras, que são resolvidos por arbitragem. Parece que o fenômeno é um pouco diferente. Porque há um descrédito muito grande no Poder Judiciário de um lado. E de outro há a necessidade de encontrar formas de resolver os litígios de forma mais rápida e mais barata. Mas mais barata em termos empresariais, quer dizer, no sentido custo-benefício. Então a arbitragem parece que funcionou bem para as empresas brasileiras que precisam resolver seus problemas e não podem ficar esperando a Justiça. Não creio que as empresas estrangeiras sejam as responsáveis pelo desenvolvimento da arbitragem aqui. É claro que num movimento macroscópico, o comércio internacional evidentemente é o grande propulsor dessa *lex mercatoria*, que acabou, também, sendo uma das vertentes da arbitragem. Mas a nossa lei de arbitragem, eu acho que ela é um fenômeno de dentro pra fora.

Constata-se nos comentários acima, uma admissão, pelo entrevistado, de que a arbitragem se mostrou como uma alternativa de mais qualidade para a prestação jurisdicional, em resposta a um descrédito no Poder Judiciário, afirmação essa que acaba por reforçar a sua configuração como opção de *saída*, debatida ao longo do trabalho. Veja-se que Carmona fala explicitamente: "há um descrédito muito grande no Poder Judiciário de um lado", o que leva, imediatamente, a relacionar isso com o chamado "decréscimo de qualidade" referido por Hirschman, que é o pressuposto para o surgimento, seja das opções de *voz*, seja da opção da *saída*. Quando o entrevistado admite a existência de uma relação entre o descrédito do Judiciário e a Lei 9.307/96, está subsidiando a ideia de que esta surgiu, efetivamente, como uma possível via paralela, concorrente no sentido que Hirschman lhe dá, em uma opção típica de *saída*.

4.2. O pequeno mundo da arbitragem

Carmona faz referência expressa também ao importante fato de que a prática da arbitragem empresarial no Brasil – especialmente no que diz com os árbitros - está restrita a um número pequeno de pessoas. Tem-se, portanto, a repetição aqui de um fenômeno que ocorre em nível internacional (Clay, 2005):

PESQUISADOR
E é um grupo pequeno?

CARLOS ALBERTO CARMONA
É seleto, é pequeno e é boca a boca. A gente comenta tudo. Não do caso, evidente, que é sigiloso. Mas de comportamento, de capacidade. Isso tudo circula pelo "mundinho".

E em seguida corrobora a assertiva de que o reduzido número de pessoas envolvidas acaba por funcionar como um mecanismo de controle da razoabilidade das decisões tomadas:

PESQUISADOR
E isso acaba sendo um mecanismo bastante efetivo de controle.

CARLOS ALBERTO CARMONA
De controle. É claro que é uma coisa muito dispersa, muito suave, muito sutil e nós estamos falando de órgãos arbitrais de alto gabarito. Então nestes, evidentemente, os árbitros basicamente circulam em todas as arbitragens. São os mesmos, os mesmos árbitros e, portanto, agente comenta: "olha, aquele ali não é uma pessoa que funcione bem; o sujeito é preguiçoso; ou atrasa muito ou então é muito impositivo". Você vai procurando, também, um grupo melhor, porque os árbitros é que indicam os presidentes. Então normalmente você vai formando certos grupos que tenham uma certa homogeneidade.

Há por parte do entrevistado, portanto, a percepção de que, na prática, ocorre um efetivo mecanismo de controle, em razão do pequeno número de árbitros empresariais e, como já visto, do próprio sistema que promove a escolha dos árbitros para os procedimentos. Veja-se que ele refere que "os árbitros basicamente circulam em todas as arbitragens. São os mesmos, os mesmos árbitros", o que, em certa medida, dá conforto à associação antes feita do trabalho dos árbitros e a ideia dos "comitês", desenvolvida por Sartori.

Tem-se ainda a referência de que "e, portanto, agente comenta: 'olha, aquele ali não é uma pessoa que funcione bem; o sujeito é preguiçoso; ou atrasa muito ou então é muito impositivo'". Note-se que o entrevistado faz expressa menção ao fato de que um árbitro impositivo seria um árbitro "ruim", ao ver dos outros árbitros, o que faz supor que, realmente, o conjunto dos árbitros envolvidos no processo decisório tenda a buscar, sempre que possível, uma decisão compartilhada, unânime, havendo com isso um possível incentivo para que posições desequilibradas ou não razoáveis sejam afastadas.

4.3. O acesso à justiça

Prosseguindo, tem-se que Selma Lemes parece ver uma relação entre o surgimento da nova lei de arbitragem e as chamadas "ondas renovatórias" da prestação jurisdicional, enquadrando a arbitragem – na lição de Cappelletti e Garth (2002) – como uma das formas de melhorar a qualidade da prestação jurisdicional.

PESQUISADOR
A arbitragem está no ordenamento há bastante tempo. A seu ver, porque surge, volta este tema à tona na década de noventa, que vem a desaguar na Lei 9.307 em 96. Por que surge neste momento?

SELMA LEMES
Bom, a lei surgiu na década de noventa, mas a gente não pode se esquecer que houve três projetos anteriores, todos de iniciativa do Executivo. O falecido ministro Beltrão já pensava nisso. Quer dizer, então, primeiramente, foi uma preocupação digamos assim dos anos 80, uma preocupação do Estado de melhorar a prestação de serviço jurisdicional. Mas eu acho que culminou com a lei de arbitragem por que ela veio de roldão em uma onda, das chamadas ondas renovatórias do direito – do Cappelletti – no sentido de que você tem que criar mecanismo de facilitar o acesso a justiça. E nesses mecanismos entra a arbitragem. A arbitragem se insere no contexto nacional, num contexto das reformas do código de processo civil em todos os sentidos, sempre pensando em melhorar a prestação tradicional.

Nesse sentido, portanto, ao que parece Selma Lemes vislumbra na arbitragem menos um movimento ideológico liberal ou neoliberal, e mais um mecanismo de ampliação dos mecanismos de resolução de controvérsias, em decorrência de uma ideia geral da necessidade de expansão do acesso à justiça. Vale destacar ainda que ela expressamente afirma que a arbitragem "era algo do momento", "inevitável", sendo fruto dessa série de mudanças ocorridas ao longo da década de 90. Nesse ponto, portanto, reconhece-se que o "meio ambiente", naquele período, era propício ao surgimento de um mecanismo com as características da arbitragem, admitindo-se, com isso, os reflexos que eventuais alterações econômicas ou sociais podem causar ao sistema jurídico-legal:

PESQUISADOR

Voltando um pouco ao início. Lá a Senhora referiu que a arbitragem, se eu entendi bem, se insere em um contexto de mudanças que aconteceram na década de noventa e que ainda seguem acontecendo. A Senhora confirma isso? A Senhora colocaria a arbitragem dentro deste movimento de reforma, inclusive do próprio processo civil? A arbitragem é um pouco fruto disso?

SELMA LEMES

Eu coloco. Ela é fruto disso. É fruto dessa influência. Por que a arbitragem está dando certo no Brasil? Porque ela chegou na hora certa. Ela chegou na hora em que esses movimentos de renovação da prestação jurisdicional estavam se desenvolvendo. Então ela agregou, ela veio agregar valor a isso. Hoje já é inconteste. Você vê a posição do Judiciário referendando os conceitos - algo que nos tínhamos receio. Você pega o artigo 8º da Lei, o princípio da autonomia, o princípio da independência da cláusula compromissória, o princípio da competência-competência do árbitro, são conceitos extremamente modernos, baseados na lei modelo UNCITRAL. E na hora que nós colocamos aquilo, pensávamos: como será que o Judiciário vai entender isso? E aí vem o papel da doutrina. A doutrina vem, municia o Judiciário com ensinamentos, traz os precedentes internacionais. Eu acho que hoje, é uma época em que estamos vivendo uma mundialização do Direito. Uma globalização do Direito. Eu estou falando isso porque eu acabo de fazer a minha tese em Direito Administrativo e vejo que o que aconteceu na Inglaterra, aconteceu na Espanha, aconteceu em Portugal, aconteceu no Chile, acontece no Brasil. É concomitante. Então é algo que seria inevitável. Se não fosse a lei 9.307, seria uma outra lei.

PESQUISADOR

Então era algo do momento, era algo que estava para surgir.

SELMA LEMES

Era algo do momento. Estava latente. Agora a lei está completando 10 anos, e a gente vê pessoas dizendo "acho que precisaria mexer, alterar o texto da lei, porque a lei é omissa nisso, porque a lei é omissa naquilo". Bom, primeiro que ela representou um avanço muito grande. Pra quem estava na idade da pedra lascada, passou para a idade moderna, assim, em questão de pouco tempo, em 10 anos, agora a gente já pode fazer um retrocesso e vê que nós evoluímos muito. E foi um avanço enorme. Alterar o texto da lei hoje eu acho que não seria bom. Eu acho que seria um desserviço. Por quê? Porque nós temos que deixar os conceitos se sedimentarem. Nós temos que ter os conceitos interpretados, somatizados na sociedade. E aí depois você pensa em um segundo estágio alterar. Isso é uma experiência inclusive que ocorre internacionalmente. Veja, por exemplo, a Espanha. A Espanha tinha uma lei de 1953, uma lei péssima. Chegou em 1988 eles alteraram a lei. A mesma coisa como o Brasil. Com o aumento do comércio internacional, uma reivindicação da arbitragem muito grande. Agora, quando chegou em 2003, eles passaram uma alteração. Mas acontece que a celeridade lá das questões ficou muito diferente. O contexto europeu exigiu aquilo. Nós ainda não. Nós ainda temos que sedimentar os conceitos que estão nessa lei, pra daqui alguns anos a gente pensar em melhorar. Porque o que estiver omisso: às vezes a omissão no texto da lei ela é proposital. Não é porque foi uma falha. Quanto mais aberto for um texto legal mais azo à interpretação ele dá e mais opções o Judiciário e os árbitros vão encontrar pra aplicar aquele dispositivo. Eu acho, na minha opinião, o momento é um momento pra trabalhar e difundir o instituto e não pra mexer na lei.

Carmona, por sua vez, ainda que talvez com menos ênfase, parece concordar com Selma Lemes que a "criação" da arbitragem com a Lei 9.307 tem relações, sim, com os outros movimentos de reforma que vinham sendo feitos no processo civil brasileiro:

PESQUISADOR

A gente pega as próprias revistas de processos da RT – eu comecei a assinar quando eu estava na faculdade; acho que eu tenho desde ao número oitenta e poucos – e nesse período de 1990 começou a se falar muito em instrumentalidade, teve todas aquelas reformas processuais, antecipação de tutela, aquelas preocupações todas. É viável inserir a arbitragem, a Lei 9.307, também neste contexto? Também era o momento em que se estava pensando em, de alguma maneira, mudar o processo civil?

CARLOS ALBERTO CARMONA
Olha, a instrumentalidade, aqui em São Paulo, acabou tendo um impulso especial com a tese do Cândido Dinamarco, que defendeu em 1986 – foi a tese de cátedra dele. A partir dali a idéia de instrumentalidade acabou sendo uma verdadeira obsessão dentro da minha faculdade. E eu sou obsessivo. Então eu faço parte daqueles que vem o processo com uma necessidade absoluta de procurar resultados. O Cândido só potencializou, portanto, essa busca. A arbitragem não entrou nas reformas do Código de Processo, nem pelo Instituto Brasileiro de Direito Processual, nem pela AMB - Associação dos Magistrados Brasileiros, mas ainda sim ela se coloca dentro daquele contexto. Talvez tenha chegado exatamente o momento de se apostar em uma via alternativa. Note que o anteprojeto de arbitragem é o quarto em uma seqüência de anteprojetos desde 1980. Quer dizer, em 1980 tivemos um, em 1986 tivemos outro, em 1988 tivemos outro, e este é de 90. Esse, é claro, foi o único projeto que veio de bases populares. Todos os outros vieram de comissões montadas pelo governo. Mas ainda assim, você veja que já estavam mexendo com isso. Desde 1980 já havia um movimento que estava procurando uma forma de resolver controvérsias fora do Poder Judiciário.

4.4. Arbitragem e neoliberalismo

Quando instigado a tratar do tema acima, de pronto Carmona faz uma afirmação importante de que "a arbitragem é algo neoliberal", como se vê:

PESQUISADOR
Quando saiu a lei eu estava na faculdade – mas eu me lembro que eu comprei o seu livro; na época ele era pequenininho, amarelinho – e naquela época se falava (a gente estava ali na década de 90, aquele período pós Collor) e era um período em que se falava muito sobre abertura comercial. Dá pra fazer uma relação mais direta da arbitragem com esse movimento de abertura econômica, esse momento mais "liberalizante"?

CARLOS ALBERTO CARMONA
Com certeza, com certeza. A arbitragem é produto neoliberal. Porque, na verdade, o que você tem é uma cultura brasileira toda ela voltada a Poder Judiciário e autoridade. Na medida em que você pretende resolver controvérsias, fora do Poder Judiciário, você precisa convencer – e isso é um movimento cultural – você precisa convencer que esta forma de resolver litígios ela é garantística, é uma forma correta, é adequada, pra que ela possa surtir os mesmo efeitos que a sentença judicial. E isso foi realmente

um passo na montanha porque ao falar em jurisdição as pessoas imediatamente ligavam com o Estado. E você defender, como eu fiz na minha tese de doutouramento, que além da jurisdição estatal você poderia ter outra forma de jurisdição, mas que era também um exercício de poder, é muito difícil. Também você convencer de que existe o poder também fora do Estado. Este poder pode ser outorgado. A jurisdição é função. A jurisdição é poder. Mas é poder que você pode outorgar. Então essa outra linha, essa outra vertente, ela se desenvolveu nos anos 80 a duras penas, porque não fazia parte da nossa cultura. Aí você tinha que estabelecer toda uma base de sustentação dessa lei arbitragem para que as pessoas pudessem ter confiança no mecanismo.

Sobre esse ponto específico da entrevista, algumas observações são necessárias porque – em princípio – ela se mostra contrária à posição defendida na parte inicial desse trabalho. A primeira delas é de que, em que pese a clareza da afirmação do entrevistado, ousa-se supor que sua assertiva deva ser devidamente contextualizada. Acredita-se, nessa linha, primeiramente, que Carmona estava a se referir mais especificamente sobre a arbitragem no Brasil. Em outras palavras, seria como estivesse ele dizendo que "a arbitragem no Brasil é um produto neoliberal", na esteira dessa exposição de que é possível, sim, traçar alguns pontos de contato entre o chamado ideário "neoliberal" no Brasil e a Lei 9.307/96.

Não se acredita, todavia, que o entrevistado pretendesse afirmar que, intrinsecamente, a arbitragem é algo liberal ou neoliberal. Acredita-se, sim, e isso fica bastante claro na entrevista, de que ele estivesse, aqui, a usar a expressão "neoliberal" mais como um sinônimo de "não estatal". Veja-se, ainda, que Carmona faz referência, em outro ponto da entrevista, ao forte desenvolvimento da arbitragem nos países nórdicos, que evidentemente estão longe de ser classificados como liberais ou neoliberais.

4.5. Contratos incompletos e Economia

Em seguida, merece destaque a resposta dada por Selma Lemes à indagação sobre o papel da arbitragem de completar os contratos – necessariamente incompletos, pela racionalidade limitada:

PESQUISADOR
A Senhora falou rapidamente da questão dos contratos incompletos. A arbitragem tem essa função de completar os contratos? Acaba se tendo no julgamento essa preocupação?

SELMA LEMES
Sim, você pode pensar em termos de completar o contrato no sentido de interpretar o contrato. Você pode muito bem pensar no contrato como, naquelas questões que são omissas, assim como o juiz também. Na omissão da lei o juiz interpreta a lei. Então o arbitro também pode fazer isso. Interpreta o contrato ou como tem que ser interpretado aquela clausula. Na área contratual acho que temos que tomar muito cuidado porque o árbitro não pode se colocar no papel de parte. Ele pode interpretar o contrato, entender o que o contrato quer dizer e aplicar o contrato. Mas ele não pode se colocar no papel de parte, de ele negociar o contrato pela parte. Isso não pode.

E em seguida ela estabelece relações entre a arbitragem e a Economia:

Eu acho que está intimamente ligado. Intimamente ligada a arbitragem ao desenvolvimento econômico. A economia é regida por contratos. Portanto, a arbitragem é uma peça, é uma engrenagem dessa máquina da área econômica. E a partir do momento em que você insere uma clausula de arbitragem no contrato, sabendo-se que no futuro, naquele contrato, existindo algum problema ele vai ser dirimido por arbitragem, que tem um foro especializado, célere, pra resolver a questão (também o sigilo em determinadas situações é importante), você vai poder oferecer um preço melhor. Então do ponto de vista econômico você está aplicando o quê? Uma eficiência melhor ao contrato. E a minha tese é com base nisso na área pública. E eu demonstro que o Estado ganharia com isso. Ganharia a partir do momento que o custo de transação seria menor.

Sobre esse ponto, diz Carlos Alberto Carmona:

PESQUISADOR
Diante do caso, há uma preocupação de tentar, sobre um certo aspecto - no caso de contratos - tentar se apoderar do que os contratantes realmente queriam quando contrataram? Ou seja, há uma efetiva preocupação de tentar completar um contrato que lá atrás tenha ficado incompleto em um ou outro termo?

CARLOS ALBERTO CARMONA

Olha, eu acho que essa é a atividade de qualquer juiz. Quando você diz que os juizes devem julgar com eqüidade, não por eqüidade, esse julgar com eqüidade significa eqüidade complementar. E todo o juiz julga com eqüidade como o árbitro. Julgar por equidade não, eqüidade substitutiva. Mas eqüidade todo mundo julga com equidade e acho que a equidade está nisso, de interpretar a vontade, mais vale a vontade do que as palavras. E isso está na lei, está no Código Civil. Então eu acho que os árbitros procuram, talvez com mais ênfase do que o juiz, saber exatamente o que é que as partes contrataram. Qual era a essência do negócio. Eles têm mais facilidade de encontrar essas respostas porque têm mais tempo. Não só porque são pessoas que têm maior foco, são pessoas mais especializadas. O juiz pode ser especializadíssimo, mas ele não tem tempo. E o juiz é sempre o generalista na profissão. O árbitro não. O árbitro é um sujeito que está naquele "metier", é um sujeito que tem uma certa formação, e quem está compondo um painel em uma arbitragem que vai interpretar a cláusula, está certamente seguro de que seu trabalho é de escavar e procurar, ali, a vontade que as das partes deveriam ter manifestado, mas que ficou um pouco escondida pelas palavras. Eu acho que na arbitragem é mais fácil fazer este trabalho, mas não acho que este trabalho seja diferente do trabalho de um juiz togado, que também deve procurar a mesma coisa. Uns com mais ferramentas, com mais tempo, e outros com menos.

Das respostas dadas, acredita-se possível extrair a impressão de que os contratos, na média, tendem a ser mais observados e respeitados na arbitragem, do que em comparação com as já referidas pesquisas feitas com membros do Poder Judiciário. Os entrevistados parecem admitir que os árbitros tendem a valorizar bastante a figura do contrato, o que é por tudo coerente, na medida em que sua própria autoridade como árbitro é decorrente de um contrato (seja a cláusula compromissória, seja o compromisso arbitral, como já visto). Esse ponto, portanto, parece contribuir para uma melhor imagem da arbitragem junto ao ambiente empresarial, que pelas pesquisas feitas tende a valorizar o contrato como a base de onde devem ser extraídas as regras a serem aplicadas nos casos concretos.

Carmona discorre também sobre as vantagens existentes no procedimento arbitral. Afirma que, embora no início se imaginasse que a especialização dos árbitros fosse o fato que daria maior impulso às arbitragens – por via de consequência, isso traria um aumento de segurança jurídica – mas, o que se constata, na prática, é que a celeridade do procedimento vem sendo seu maior atrativo:

PESQUISADOR
Hoje, felizmente, a arbitragem já está sedimentada, embora a luta seja constante, ao menos em alguns Estados. Passados estes dez anos já é algo já bastante solidificado, etc. Mas mais no início - e ainda hoje em certos aspectos - na sua impressão, dentre aquelas qualidades, dentre aquelas vantagens comparativas da arbitragem, quais seriam os principais pontos ou até o principal ponto que leva a empresa a decidir: "vou começar a colocar cláusulas compromissórias nos nossos contratos"?

CARLOS ALBERTO CARMONA
Acho que é a celeridade. Não tanto a especialização do arbitro, porque a empresa vê o arbitro nem sempre como um grande especialista pela matéria, mas como alguém confiável para resolver aquela questão. Então, se a questão é de um contrato internacional, um contrato nacional de produção disto ou de exportação daquilo, ainda que o árbitro não conheça bem a técnica de produção, não conheça bem o tipo de serviço, se ele é um sujeito que conhece bem contrato e tem um bom traquejo até mesmo em arbitragem, quer dizer, é um sujeito que consegue armar um bom processo, eu acho que isso, para o empresário hoje, tem um certo valor. Então eu estou avaliando que a celeridade hoje é o benefício maior. Embora, em termos teóricos, o que nós imaginávamos é que a especialização é que seria o motor. Mas acho que a pratica está revelando uma coisa um pouco diferente. Não é não.

PESQUISADOR
Caso o Senhor fosse optar pela arbitragem talvez o que lhe levasse a tanto fosse a especialidade e menos a celeridade.

CARLOS ALBERTO CARMONA
Sim, a especialidade e menos a celeridade. Mas de fato acho que são dois fatores que se conjugam. Mas se eu tivesse que escolher um entre todos, eu escolheria a celeridade.

Mais uma vez evidencia-se que, mesmo sem ser este o objetivo, a arbitragem se vale muito da comparação com a prestação de serviços feita pelo Poder Judiciário. Parece não ser coincidência que a grande vantagem da arbitragem seja a rapidez, enquanto a grande crítica ao Poder Judiciário está em sua morosidade. O caráter de concorrência fica evidente, na medida em que essa qualidade da arbitragem, de ser célere, significa um ser célere em comparação com o Poder Judiciário. Veja-se, nesse ponto, o que responde Carmona:

> PESQUISADOR
> E com base nessa observação, eu lhe pergunto: será que, entre outros fatores, o fato do Judiciário, em São Paulo, ser um Judiciário lento, bastante lento, não acabou contribuindo para um desenvolvimento grande da arbitragem em São Paulo?
>
> CARLOS ALBERTO CARMONA
> Eu acho que sim. Embora a idéia não é fazer uma oposição entre arbitragem e processo estatal, porque são meios adequados distintos. Quer dizer, nem tudo que vai para o Poder Judiciário poderia ser resolvido pela via arbitral. Mas é claro que a crise do Poder Judiciário aqui em São Paulo ajudou bastante. Eu não tenho dúvida que isso foi também um fator de impulso. Não era uma coisa que tínhamos contabilizado, mas acabou acontecendo.

Ora, a resposta não poderia ser mais clara. Em que pese o entrevistado deixe claro que sua ideia não está na oposição entre arbitragem e Poder Judiciário – ponto adiante tratado – admite que os problemas do judiciário paulista, especialmente a sua lentidão, tenham "ajudado" o desenvolvimento da arbitragem no Brasil. Tem-se aqui, portanto, a configuração da arbitragem como clara opção de *saída*, que se qualifica como tal, isto é, como "resposta" dos jurisdicionados, na medida em que estes não são atendidos em suas expectativas.

Há por parte de Selma Lemes ainda a menção de que a baixa disseminação "cultural" da ideia da arbitragem é algo que representa um constrangimento ao seu maior desenvolvimento, sendo, portanto, um dos fatores a serem trabalhados nos próximos anos:

> PESQUISADOR
> Para que a arbitragem se desenvolva mais, quais lhe parecem ser as barreiras que ela vai enfrentar? Quais os pontos mais complicados, onde ela pode enfrentar maiores barreiras para um desenvolvimento ainda maior do que o que já vem tendo?
>
> SELMA LEMES
> Eu acho que a primeira coisa que nós precisamos é ter uma maior difusão cultural do instituto. E isso eu não digo apenas – primordialmente na faculdade de direito, evidentemente - mas algo para ser difundido em toda

a sociedade, em outras cadeiras, em outras faculdades, como Economia, Administração de empresas. E não apenas a arbitragem, como eu já falei. Mas a mediação, a negociação, conciliação. Eu acho que a primeira barreira é realmente uma barreira cultural no sentido de difusão do instituto. De você passar os conceitos corretos, de trabalhar a questão na Universidade. Porque hoje nós trabalhamos, é muito mais fácil você conversar sobre arbitragem com os estudantes, que ainda não estão contaminados com o processo que estão sendo formados, do que você tratar isso com advogados já formados há muitos anos. Eles dizem que vão ficar na mão do árbitro, que vai demorar muito, que eu estou muito velho pra conhecer isso. Sempre deu certo naquele sistema. Esse eu conheço, esse eu conheço, entendeu? Mas eu acho que quando você tem temas novos, que auxiliam, que são menos formais e chegam a um objetivo também comum: que é distribuir Justiça, você tem que procurar estes outros métodos. Sem excluir um ou outro, sem excluir o Judiciário. Porque você sabe que arbitragem só para direito patrimonial disponível.

Aqui se poderia falar, usando uma expressão cara à nova sociologia econômica, do baixo enraizamento (*embeddedness*) da arbitragem no mundo jurídico brasileiro. Nesse sentido, portanto, a mudança de uma regra formal, a Lei 9.307/96, não necessariamente foi apta à difusão do instituto da arbitragem, já que – e aí vinculando com as observações de Carmona – o baixo enraizamento desse método privado de resolução de conflitos se choca com um ideário estatal bastante forte, em que o brasileiro tem dificuldade de imaginar fora do Estado a solução para os problemas que lhe afligem.

4.6. Arbitragem e a crise do Judiciário

Para finalizar, destacam-se as observações dos entrevistados sobre as relações entre a arbitragem e o Poder Judiciário, e a constante relação que se faz entre a "crise do Poder Judiciário" e o desenvolvimento da arbitragem no Brasil. Primeiramente, observa-se o que disse Selma Lemes:

PESQUISADOR
Uma questão que se vê normalmente, que se costuma alegar, afirmar é a relação da arbitragem com a chamada crise do Judiciário. Efetivamente a

arbitragem concorrendo com o Judiciário ou não. O que lhe parece isso? Há esta relação?

SELMA LEMES
Eu acho que não há. Desde o momento que se pensou na Lei da Arbitragem, sempre se pensou no sentido de um foro especializado, para questões técnicas, eminentemente técnicas. Agora, em uma visão mais ampla, sempre se acaba fazendo uma comparação. Comparar com o Judiciário. E aí se você entra em uma comparação com o Judiciário você logo, imediatamente, vai se deparar com a questão da morosidade. Isso é notório em termos de prestação jurisdicional. Você tem o tempo que ocorrem as relações humanas e tem o descrédito da justiça. Isso é um fato incontroverso. Agora, a arbitragem não veio pra solucionar nenhum problema do Judiciário, não concorre com ele e a morosidade é uma coisa ínsita do Judiciário. E a morosidade tem uma razão de ser. É o acúmulo das demandas, a pletora de recursos e a nítida sensação de que as pessoas que se socorrem do Judiciário, principalmente na área financeira, na área comercial especificamente, ou de crédito, é para usar o Judiciário com o fim de procrastinar pagamentos.

Já Carmona responde assim:

CARLOS ALBERTO CARMONA
Veja só. Você tem países que têm poderes judiciários muito bem desenvolvidos, por ter uma estrutura judiciária muito boa, como é o caso da Dinamarca, como é o caso dos países nórdicos de uma maneira geral, como é o caso do Canadá e até os Estados Unidos, que tem uma estrutura judiciária melhor do que a nossa, mais funcional, e ainda sim a arbitragem se desenvolveu muito bem. Então isso demonstra que não é a crise do judiciário e nem a crise do processo que levam ao desenvolvimento da arbitragem. Mas são mecanismos que andam em paralelo. Quer dizer, a arbitragem vai se desenvolver mesmo em países onde o judiciário funcione bem. Porque a idéia é de um sistema multi (...), um sistema que me permita escolher outros mecanismos que não exatamente aquele estatal.

Percebe-se que ambos os entrevistados são bastante enfáticos, fazem questão de deixar bem claro, de que a arbitragem, a seu ver, não é algo contra o Poder Judiciário, ou que concorra com o Poder Judiciário, tendo vindo para retirar-lhe poder ou força.

Nesse particular, o que cabe destacar é que, com tal postura, se mostra transparente o interesse de ambos em aumentar a simpatia (ou diminuir a desconfiança) dos membros do Poder Judiciário para com a arbitragem. Se ambos têm interesse em que a arbitragem se expanda cada vez mais – na medida em que são acadêmica e profissionalmente referências nessa área – esperado que tentem eles, ao máximo, evitar colocar a arbitragem, seja de que modo for, em oposição ao Poder Judiciário.

Entretanto, se é verdade que não há uma oposição entre arbitragem e Judiciário (com o que se compartilha), por outro lado é inegável que, dependendo do tipo de causas envolvidas, existe sim um sistema de concorrência entre ambos, como métodos paralelos de resolução de conflitos. Aliás, isso é sentido pelos próprios entrevistados, como visto em algumas de suas respostas, não sendo talvez, de forma mais clara, expressado ou enfatizado, por um eventual (e justificado) receio de atrair, no mínimo, uma má vontade à "causa" por eles defendida.

Logo, acredita-se que a admissão de que a arbitragem pode concorrer com o Poder Judiciário não é feita diretamente pelos entrevistados, possivelmente em decorrência de um agir estratégico dos mesmos. Até pelo baixo enraizamento do instituto na comunidade jurídica brasileira, admitir a arbitragem como uma concorrente do Judiciário poderia causar dificuldades à sua difusão, pela força que a expressão concorrência traz. Tanto o é que os entrevistados, que rejeitam o uso da expressão "concorrência", parecem dispostos a aceitar a identificação da arbitragem como uma "via paralela" ao Judiciário, não refutando, portanto, essa inegável comparação entre a prestação jurisdicional arbitral e estatal.

5. Conclusões

Como forma de finalizar o presente trabalho, julga-se ideal, antes de tudo, recordar suas limitações. Nesse ponto, necessário lembrar que, em qualquer atividade científica, como o próprio Hirschman afirma, há sempre a necessidade de se duvidar, de se questionar as próprias conclusões alcançadas. Em vista disso, é recomendável admitir, sempre, que o autor pode estar equivocado. Essa saudável desconfiança, portanto, é aqui incentivada.

Considera-se importante, ainda, destacar que o tema da arbitragem, sem dúvida alguma, se presta a outros e variados trabalhos. Pode-se pensar em pesquisas sobre a visão dos árbitros acerca da interpretação dos contratos, talvez até aplicando-lhes o mesmo tipo de questionário utilizado por Castelar Pinheiro aos juízes, de modo a extrair uma comparação; pesquisas sobre a formação acadêmica dos árbitros e os reflexos que isso pode eventualmente trazer às suas decisões; o perfil das empresas que vêm utilizando a arbitragem empresarial, bem como dos advogados que vêm atuando em arbitragens empresariais, entre outros assuntos.

Com relação ao livro em si, como primeira conclusão, julga-se recomendável que áreas como a Economia, o Direito e a Sociologia tentem uma maior aproximação. Não se trata, evidentemente, de cada uma delas perder sua autonomia ou preponderar sobre as demais, mas sim de reconhecer o potencial que trabalhos conjuntos podem ter, especialmente diante da inegável complexidade das relações humanas, desde sempre, e cada vez mais nos dias de hoje.

Nessa linha, acredita-se que os esforços iniciais de escolas como do *New Institutionalism in Sociology, New Economic Sociology, New Institutional Economics* e *Law and Economics,* ainda que cada um com suas especificidades, sejam um belo início de como essa maior aproximação possa acontecer de forma profícua.

Evidentemente, entretanto, que se trata de um conjunto de ideias e conceitos que ainda estão sendo elaborados e construídos e, portanto, ainda carecem de maior aprofundamento, em vários de seus pontos, até para fazer frente à complexidade das questões, antes referidas.

Nesse momento, então, importante registrar também certo revigoramento do estudo dos clássicos, proporcionado por aqueles grupos antes referidos – no caso, aqui, especialmente da sociologia econômica – já que acabam por se mostrar como "portos seguros" em muitas das discussões – como era de se esperar, ainda que sendo alvo de críticas e releituras.

No que pertine à arbitragem empresarial, foco central desse trabalho, a utilização de alguns conceitos da sociologia econômica (seja a nova, seja a clássica ou a combinação dessas) mostra-se útil à compreensão do fenômeno ocorrido quando da edição da Lei 9.307/96, momento em que se completaram mais de dez anos desse diploma legal.

Nesse particular, acredita-se que os conceitos de *saída, voz* e *lealdade,* tão bem trabalhados por Hirschman em sua já referida obra, sejam adequados e úteis para tentar entender alguns dos motivos pelos quais a Lei de Arbitragem surgiu naquele momento histórico. Reputa-se possível classificar a "criação" da arbitragem, da Lei 9.307/96, como uma opção de saída vislumbrada pela comunidade jurídica brasileira, na década de 90, imaginada como uma resposta ao sentimento de que a prestação jurisdicional estatal enfrentava dificuldades.

Nessa esteira, o desenvolvimento da arbitragem foi incentivado por um sentimento de que a qualidade dos serviços prestados pelo Poder Judiciário, em relação às causas empresariais, era decrescente, inferior às expectativas nutridas pelos jurisdicionados. Esse fato levou-os, então, a tentar criar uma via paralela, concorrente, seja para obter diretamente de uma os préstimos necessários, seja até para tentar forçar a outra a obter o grau de qualidade, antes fornecido.

Isso não significa, entretanto, que por esses motivos haja entre a arbitragem e a jurisdição estatal uma oposição. Como parece ter ficado devidamente aclarado nas entrevistas, embora potenciais "concorrentes" com relação a uma boa parte das causas de âmbito empresarial, são ambas formas de resolução de conflitos que podem e devem conviver harmonicamente, cada uma com suas especificidades, sendo essa relação benéfica para ambas.

Dessa forma, considera-se que a introdução da arbitragem, na forma dada pela Lei 9.307/96, veio em boa hora, na medida em que se mostra como um instrumento capaz de verdadeiramente publicizar a atividade jurisdicional, antes concentrada exclusivamente nas mãos do Estado.

Vê-se como positivo que, em um determinado conjunto de demandas, devidamente previstas em lei, possam os indivíduos, empresas e/ou grupos escolherem, sem a intervenção do Estado, como e por quem seus conflitos serão resolvidos.

Trata-se de tentar, aos poucos, admitir que a sociedade atual, inclusive a brasileira, possui características e necessidades que, ao mesmo tempo em que não dispensam a figura do Estado, não podem jamais se limitar a ele, sendo a arbitragem e a Lei 9.307/96 um bom exemplo dessa situação.

Referências

ALEXANDER, Jeffrey C. A importância dos clássicos. In: GIDDENS, Anthony e TURNER, Jonathan. *Teoria social hoje*. São Paulo: UNESP, 1999.

ARAÚJO, Nadia de. A nova lei de arbitragem brasileira e os "princípios uniformes dos contratos comerciais internacionais", elaborados pelo Unidroit. In: CASELLA, Paulo Borba (Org.). *Arbitragem*: a nova lei brasileira (9.307/96) e a praxe internacional. São Paulo: LTr, 1996.

BOBBIO, Norberto. Liberalismo. *Dicionário de política*. 5 ed. São Paulo: UNB, 2004.

BULOS, Uadi Lammêgo; FURTADO, Paulo. *Lei de arbitragem comentada*: breves comentários à lei n. 9.307, de 23-9-1996. São Paulo: Saraiva, 1997.

CÂMARA, Alexandre Freitas. *Arbitragem*. Rio de Janeiro: Lumen Juris, 1997.

CAPPELLETTI, Mauro; GARTH, Bryant. *Acesso à justiça*. Porto Alegre: Sergio Antonio Fabris, 2002.

CARMONA, Carlos Alberto. *A arbitragem no processo civil brasileiro*. São Paulo: Malheiros, 1993.

———. *Arbitragem e processo*. São Paulo: Atlas, 2006.

CARVALHO, Cristiano. *Teoria do sistema jurídico*: direito, economia, tributação. São Paulo: Quartier Latin, 2005.

CAMPILONGO, Celso Fernandes. *O direito na sociedade complexa*. São Paulo: Max Limonad, 2000.

CLAY, Thomas. Quem são os árbitros internacionais. Abordagem sociológica. *Revista de Arbitragem e Mediação*, RT, ano 2, n. 6, São Paulo, 2005.

COASE, R. H. *The firm, the market and the law*. Chicago: The University of Chicago Press, 1990.

COLLINS, Randall. Weber's Last Theory of Capitalism: a systematization. In: GRANOVETTER, Mark.; SWEDBERG, Richard (Org.). *The sociology of economic life*. 2 ed. Colorado: Westview Press, 2001.

COTTERRELL, Roger. *Introducción a la sociología del derecho*. Barcelona: Ariel, 1981.

DELGADO, José Augusto. Arbitragem: direito processual da cidadania. *Revista Jurídica*. São Paulo, ano 49, n. 282, 2001.

DEZALAY, Yves; GARTH, Bryant G. *Dealing in virtue*. Chicago: The University of Chicago Press, 1996.

A ARBITRAGEM EMPRESARIAL NO BRASIL

DURKHEIM, Émile. *Da divisão do trabalho social.* Trad. Eduardo Brandão. São Paulo: Martins Fontes, 1999.

EDELMAN, Lauren B.; STRYKER, Robin. A sociological approach to law and the economy. In: SMELSER, Neil J.; SWEDBERG, Richard. (editors). *The handbook of economic sociology.* New Jersey: Princeton University Press, 2005.

FARIA, José Eduardo. *Direito e globalização econômica.* São Paulo: Malheiros, 1998.

——. *O direito na economia globalizada.* São Paulo: Malheiros, 1999.

FIUZA, César. *Teoria geral da arbitragem.* Belo Horizonte: Del Rey, 1995.

FLIGSTEIN, Neil. Agreements, disagreements and opportunities in the "New Sociology of Markets". In: GUILLÉN, Mauro F. et al. *The new economic sociology*: developments in an emerging field. New York: Russel Sage Fundation, 2002.

FRADERA, Véra Maria Jacob. Aspectos problemáticos na utilização da arbitragem privada na solução de litígios relativos a direitos patrimoniais disponíveis – Comentários à Lei de Arbitragem. In: MARQUES, Claudia Lima e ARAUJO, Nadia de. *O novo direito internacional: estudos em homenagem a Erik Jaime.* Rio de Janeiro: Renovar, 2005.

FRANCO, Gustavo H. *O novo modelo brasileiro em perspectiva.* Santa Cruz do Sul: Edunisc, 2004.

GIDDENS, Anthony. *Sociologia.* Lisboa: Fundação Calouste Gulbenkian, 2004.

GRANOVETTER, Mark; SWEDBERG, Richard. *The sociology of economic life.* 2. ed. Colorado: Westview Press, 2001.

——. Introduction to the second edition. In: GRANOVETTER, Mark; SWEDBERG, Richard. *The sociology of economic life.* 2 ed. Colorado: Westview Press, 2001.

GUERREIRO, José Alexandre Tavares. *Fundamentos da arbitragem do comércio internacional.* São Paulo: Saraiva, 1993.

GUILLÉM, Mauro F; COLLINS, Randal; ENGLAND, Paula; MEYER, Marshall. The Revival of Economic Sociology. In: GUILLÉN, Mauro F. et al. *The new economic sociology*: developments in an emerging field. New York: Russel Sage Fundation, 2002.

HAMILTON, Gary G; FEENSTRA, Robert. The organization of economies. In: BRINTON, Mary C.; NEE, Victor. *New institutionalism in sociology.* California: Stanford University Press, 2001.

HIRSCHMAN, Albert. *Saída, voz e lealdade*: reações ao declínio de firmas, organizações e estados. São Paulo: Perspectiva, 1970.

——. *Auto-subversão*: teorias consagradas em xeque. Trad. Laura Teixeira Motta, Companhia das Letras, São Paulo, 1996.

JÚNIOR, Joel Dias Figueira. *Arbitragem e o monopólio da jurisdição.* São Paulo: LTR, 1999.

LACERDA, Belizário Antônio. *Comentários à lei de arbitragem.* Belo Horizonte: Del Rey, 1998.

LAMOUNIER, Bolívar; SOUZA, Amaury de. *As elites brasileiras e o desenvolvimento nacional*: fatores de consenso e dissenso. São Paulo: Idesp, 2002.

LEMES, Selma Maria Ferreira. Mercosul – proposta de regulamentação quanto à solução de controvérsias privadas. Conciliação e arbitragem. In: CASELLA, Paulo Borba (Org.). *Arbitragem*: a nova lei brasileira (9.307/96) e a praxe internacional. São Paulo: LTr, 1996.

——. Prefácio. In: MUNIZ, Petrônio R. G. *Operação Arbiter*. Recife: Instituto Tancredo Neves, 2005.

——. *Árbitro*: princípios da independência e da imparcialidade. São Paulo: LTR, 2001.

LÉVY-BRUHL. *Sociologia do direito*. Trad. Antonio de Pádua Danesi. 2 ed. São Paulo: Martins Fontes, 1997.

LIMA LOPES, José Reinado de. *O direito na história*: lições introdutórias. São Paulo: Max Limonad, 2002.

LUHMANN, Niklas. *Sociologia do direito I*. Trad. Gustavo Bayer. Rio de Janeiro: Tempo Brasileiro, 1983.

——. *Sociologia do direito II*. Trad. Gustavo Bayer. Rio de Janeiro: Tempo Brasileiro, 1985.

LUQUE, Carlos Antonio; VASCONCELLOS, Marco Antonio Sandoval de. Considerações sobre o problema da inflação. In: PINHO, Diva Benevides; VASCONCELLOS, Marco Antonio Sandoval de (Org). *Manual de Economia* – professores da USP. São Paulo: Saraiva, 2004.

MACEDO, Ronaldo Porto. *Contratos relacionais e defesa do consumidor*. 2 ed. São Paulo: RT, 2006.

MAGALHÃES, José Carlos; BAPTISTA, Luiz Olavo. *Arbitragem comercial*. Rio de Janeiro: Livraria Freitas Bastos, 1986.

MARCH, James G.; SIMON, Herbert A. *From organizations*: cognitive limits on rationality. Princeton: Princeton University Press, 2004.

MARTINS, Pedro A. Batista; LEMES, Selma M. Ferreira e CARMONA, Carlos Alberto. *Aspectos fundamentais da lei de arbitragem*. Rio de Janeiro: Forense, 1999.

——; GARCEZ, José Maria Rossani (Org.). *Reflexões sobre arbitragem*. São Paulo: LTR, 2002.

MERTON, Robert. Foreword. In: BRINTON, Mary C.; NEE, Victor. *New institutionalism in sociology*. California: Stanford University Press, 2001.

MIRANDA ROSA, F. A. *Sociologia do direito*: o fenômeno jurídico como fato social. Rio de Janeiro: Jorge Zahar, 2001.

MORAES, Alexandre de. *Direito constitucional*. São Paulo: Atlas, 2004.

MÜNCH, Richard. A teoria parsoniana hoje: a busca de uma nova síntese. In: GIDDENS, Anthony; TURNER, Jonathan. *Teoria social hoje*. São Paulo: UNESP, 1999.

MUNIZ, Petrônio R. G. *Operação Arbiter*. Recife: Instituto Tancredo Neves, 2005.

NEE, Victor. Sources of the new institutionalism. In: BRINTON, Mary C.; NEE, Victor. *New institutionalism in sociology*. California: Stanford University Press, 2001.

——. The new institutionalisms in economics and sociology. In: SMELSER, Neil J.; SWEDBERG, Richard (editors). *The handbook of economic sociology*. 2 ed. New Jersey: Princeton University Press, 2005.

——; INGRAN, Paul. Embeddedness and beyond: institutions, exchange and social structure. In: BRINTON, Mary C.; NEE, Victor. *New institutionalism in sociology*. California: Stanford University Press, 2001.

NORTH, Douglass C. *Custos de transação, instituições e desempenho econômico*. Trad. Elizabete Hart. Rio de Janeiro: Instituto Liberal, 2006.

——. Institutions, institutional change and economic performance. Cambridge: University Press, 2004.

O'DONNELL, Guillermo. Accountability horizontal e novas poliarquias. *Revista de Cultura e Política*. São Paulo: Lua Nova, 1998.

PARSONS, Talcott. *O sistema das sociedades modernas*. Trad. Dante Moreira Leite. São Paulo: Livraria Pioneira Ltda, 1974.

——; SHILS, Edward. *Toward a general theory of action*. New Jersey: Transaction Publishers, 2001.

——; SMELSER, Neil J. *Economy and society*: a study in the integration of economic and social theory. New York: Free Press, 1965.

PINHEIRO, Armando Castelar. Direito e economia num mundo globalizado: cooperação ou confronto? In: TIMM, Luciano Benetti (Org.). *Direito e Economia*. São Paulo: Thomson Iob, 2005.

——. Judiciário, Reforma e Economia. Disponível em http://www.febraban.org.br/Arquivo/Destaques/Armando_Castelar_Pinheiro2.pdf. Acesso em: dez. 2002.

——; SADDI, Jairo. *Direito, economia e mercados*. Rio de Janeiro: Elsevier, 2005.

PORTES, Alejandro; SENSENBRENNER, Julia. Embeddedness and imigration: notes on the social determinants of economic action. In: GRANOVETTER, Mark; SWEDBERG, Richard. *The sociology of economic life*. 2 ed. Colorado: Westview Press, 2001.

POWELL, Walter W.; DIMAGGIO, Paul J. *The new institutionalism in organizational analisys*. Chicago: Chicago University Press, 1991.

PUCCI, Adriana Noemi (Org). *Aspectos atuais da arbitragem*. Rio de Janeiro: Forense, 2001.

QUINTANEIRO, Tânia; OLIVEIRA, Márcia Gardênia Monteiro. *Labirintos simétricos*: introdução à teoria sociológica de Talcott Parsons. Belo Horizonte: UFMG, 2002.

RAMOS, André de Carvalho. O reconhecimento de sentença arbitral estrangeira e a cooperação jurisdicional no Mercosul. In: CASELLA, Paulo Borba (Org.). *Arbitragem*: a nova lei brasileira (9.307/96) e a praxe internacional. São Paulo: LTr, 1996.

RAWLINGS, Richard (Org). *Law, society and economy*. Oxford: Claredon Press, 1997.

REALE, Miguel. Crise da justiça e arbitragem. *Revista de Arbitragem e Mediação*. São Paulo: RT, ano 2, v. 5, abr./jun. 2005.

REIS, Fábio Wanderley. Weber e a ciência social atual. In: SOUZA, Jessé (Org.). *A atualidade de Max Weber*. Brasília: UNB, 2000.

ROCHER, Guy. Le droit et la sociologie du doit chez Talcott Parsons. Artigo publicado na revista *Sociologie et sociétés*, v. 21, 1989, p. 143-163. Montreal: PUM. Disponível em: http://bibliotheque.uqac.uquebec.ca/index.htm. Acesso em 2004.

——. *Talcott Parsons e a sociologia americana*. Rio de Janeiro: Francisco Alves, 1976.

SABADELL, Ana Lucia. *Manual de sociología jurídica*. São Paulo: RT, 2002.

SAMTLEBEN, Jürgen. Histórico da arbitragem no Brasil – até o advento da nova lei. Trad. de STRENGER, Irineu. In: CASELLA, Paulo Borba (Org.). *Arbitragem*: a nova lei brasileira (9.307/96) e a praxe internacional. São Paulo: LTr, 1996.

SANTOS, Hermílio. Elementos para uma análise do estado contemporâneo: em torno das políticas públicas. In: TIMM, Luciano (Org). *Direito e economia*. São Paulo: Thomson IOB, 2005a.

———. Perspectivas contemporâneas para a constituição de redes de políticas públicas. *Civitas* - Revista de Ciências Sociais, v. 5, n. 01, jan./jun. Porto Alegre: EDIPUCRS, 2005b.

SARTORI, Giovanni. *A teoria da democracia revisitada*. São Paulo: Ática, 1994, v. 1.

SEN, Amartya. Prefácio. In: BARRAL, Welber. *Direito e desenvolvimento*. Trad. Carolina P. M. Munhoz. São Paulo: Singular, 2005.

SCOTT, W. Richard. *Institutions and organizations*. California: Sage Publications, 2001.

SHAPIRO, Martin; SWEET, Alec Stone. *On law, politics & judicialization*. Oxford: Oxford University Press, 2002.

SHAVELL, Steven. *El análisis económico del derecho*. Buenos Aires: Jurisprudencia Argentina, 2006.

SILVA, Adriana dos Santos. *Acesso à justiça e arbitragem*: um caminho para a crise do judiciário. Barueri: Manole, 2005.

SILVA, Eduardo Silva da. Arbitragem e direito da empresa: dogmática e implementação da cláusula compromissória. São Paulo: RT, 2003.

SIMON, Herbert A. *Models of bounded rationality*. Cambridge: MIT Press Classic, 1984, v. 1.

SIMONSEN, Mario Henrique. *Brasil 2001*. 4 ed. Rio de Janeiro: APEC, 1969.

SMITH, Adam. *A riqueza das nações*. Martins Fontes, São Paulo, 2003.

SMELSER, Neil J; SWEDBERG, Richard. Introducting Economic Sociology. In: *The handbook of economic sociology*. SMELSER, Neil J. e SWEDBERG, Richard (Org.). New Jersey: Russel Sage Fundation, 2005.

SOBOTTKA, Emil Albert. Por que se faz políticas sociais no Brasil? Notas sobre estratégias de legitimação nos últimos dois governos federais. *Civitas* - Revista de Ciências Sociais. Porto Alegre, EDIPUCRS, v. 6, n. 1, jan./jun. 2006.

SOUZA SANTOS, Boaventura de. *O discurso e o poder*: ensaio sobre a sociologia da retórica jurídica. Porto Alegre: Sergio Antonio Fabris, 1988.

SWEDBERG, Richard. *Max Weber e a idéia de sociologia econômica*. Rio de Janeiro: UFRJ, 2005.

———. Max Weber's vision of economic sociology. In: GRANOVETTER, Mark; SWEDBERG, Richard. *The sociology of economic life*. 2 ed. Colorado: Westview Press, 2001.

———. *Principles of economic sociology*. New Jersey: Princeton University Press, 2003.

SZTAJN, Rachel. Externalidades e custos de transação: a redistribuição de direitos no Código Civil de 2002. In: ÁVILA, Humberto (Org.). *Fundamentos do estado moderno*: estudos em homenagem ao professor Almiro do Couto e Silva. São Paulo: Malheiros, 2005.

TARSO SANTOS, Paulo de. *Arbitragem e poder judiciário*. São Paulo: LTR, 2001.

TIMM, Luciano Benetti. Contrato Internacional de licenciamento contendo cláusula compromissória. *Revista de Arbitragem e Mediação*, São Paulo: RT, ano 3, v. 8, jan./mar. 2006.

TREVES, Renato. *La sociología del derecho*. Barcelona: Ariel, S.A, 1978.

VAGO, Steve. *Law and society*. New Jersey: Pearson Prentice Hall, 2006.

VIVANTE, Cesare. *Instituições de direito comercial*. Campinas: LZN, 2003.

WALD, Arnoldo. A arbitragem e os contratos empresariais complexos. *Revista de Arbitragem e Mediação*, São Paulo: RT, ano 2, v. 7, out./dez. 2005.

WEBER, Max. *A ética protestante e o espírito do capitalismo*. Trad. José Marcos Mariani de Macedo. São Paulo: Companhia das Letras, 2004.

——. *Economia e sociedade*. Trad. Regis Barbosa. Brasília: UNB, 2000, v. 1.

——. *Economia e sociedade*. Trad. Regis Barbosa. Brasília: UNB, 1999, v. 2.

WILLIAMSON, Oliver. Por que direito, economia e organizações? Trad. Décio Zylbersztajn, In: ZYLBERSZTAJN, Décio; SZTAJN, Rachel. *Direito & economia*: análise econômica do direito e das organizações. Rio de Janeiro: Elsevier, 2005.

——. The Economic institutions of capitalism. New York: The Free Press, 2002.

WOLKMER, Antônio Carlos. O direito nas sociedades primitivas. In: WOLKMER, Antônio Carlos (Org.). *Fundamentos de história do direito*. Belo Horizonte: Del Rey, 2006.

ZYLBERSZTAJN, Décio. SZTAJN, Rachel. Análise econômica do direito e das organizações. In: ZYLBERSZTAJN, Décio; SZTAJN, Rachel. *Direito & economia*: análise econômica do direito e das organizações. Rio de Janeiro: Elsevier, 2005.

Anexo A
Entrevista com Selma Ferreira Lemes

SELMA FERREIRA LEMES

Do que se trata o trabalho?

PESQUISADOR

O objetivo é tentar investigar um pouco como se deu a formação da lei 9.307/96. A dissertação é a aplicação de uma teoria ao processo de formação da lei.

SELMA FERREIRA LEMES

Eu recomendaria que você primeiramente consultasse o livro, do Doutor Petrônio Muniz, não sei se você já conhece e denomina-se "Operação Arbiter". Este livro reproduz a história da trajetória da elaboração da lei. Desde como surgiu a idéia até as dificuldades na aprovação do texto e vicissitudes posteriores, tais como a tentativa de obstaculizar a arbitragem no setor público por meio de uma emenda na Constituição Federal. Retrata a parte política de aprovação da lei, onde nós nos reunimos pela primeira vez, como tudo começou etc.. O livro foi editado pelo Senado Federal

PESQUISADOR

Uma questão que se vê normalmente, que se costuma alegar, afirmar é a relação da arbitragem com a chamada crise do Judiciário. Efetivamente a arbitragem concorrendo com o Judiciário ou não. O que lhe parece isso? Há esta relação?

SELMA FERREIRA LEMES

De modo algum.. Desde o momento que se pensou na Lei da Arbitragem, sempre se pensou no sentido de um foro especializado, para questões técnicas, eminentemente técnicas. Numa visão mais ampla, sempre se acaba fazendo uma comparação, em especial atentado para o fator tempo e a morosidade da Justiça. Isso é notório em termos de prestação jurisdicional. Você tem o tempo que ocorrem as relações humanas e gera o descrédito na Justiça. Isso é um fato incontroverso. Agora, a arbitragem não veio para solucionar nenhum problema do Judiciário, não concorre com ele e a morosidade é uma coisa ínsita ao Judiciário. E a morosidade tem uma razão de ser. É o acúmulo das demandas, a litigiosidade da sociedade brasileira, a pletora de recursos e a nítida sensação de que as

A ARBITRAGEM EMPRESARIAL NO BRASIL

pessoas que se socorrem do Judiciário, principalmente nas áreas financeira e comercial utilizam-na para procrastinar pagamentos.

PESQUISADOR

A arbitragem está no ordenamento há bastante tempo. A seu ver, porque surge, volta este tema à tona na década de noventa, que vem a desaguar na Lei 9.307 em 96. Porque surge neste momento?

SELMA FERREIRA LEMES

O anteprojeto de lei é de fins de 1991, mas não podemos esquecer que houve três projetos anteriores, todos de iniciativa do Executivo. O falecido ministro Beltrão, do Ministério da Desburocratização havia atentado para a necessidade de termos a arbitragem de forma eficaz inserida no nosso ordenamento.. Primeiramente, foi uma preocupação, digamos assim, dos anos 80, uma preocupação do Estado de melhorar a prestação de serviço jurisdicional. Verifica-se, contudo, que a arbitragem teve a oportunidade de ser revista em termos legislativos, pois veio, metaforicamente, "surfar" nas denominadas ondas renovatórias do direito, assim classificadas pelo jurista Mauro Cappeletti - no sentido de que você tem que criar mecanismo de facilitar o acesso à Justiça. E, um destes mecanismos é a arbitragem. A arbitragem se insere no âmbito nacional, no contexto das reformas do Código de Processo Civil em todos os sentidos, sempre pensando em melhorar a prestação jurisdicional e a sua efetividade.. Também não podemos deixar de analisar numa amplitude maior, na esfera internacional, devido a globalização da economia, a intensificação do comércio internacional o desconhecimento das legislações internas dos países , fazem com que os contratos com partes de países diversos, prevejam, quase que 100%, a solução de conflitos por arbitragem

PESQUISADOR

A abertura do Brasil neste ponto foi um incentivo?

SELMA FERREIRA LEMES

Sim, pois passa a atender a demanda internacional com mais eficiência. Ademais, não estávamos preparados, porque a nossa legislação não colaborava., e também a jurisprudência reinante na época.. O o problema da arbitragem no Brasil, não era apenas em termos de texto legal não também por uma questão de interpretação judiciária. Se o Judiciário tivesse dado uma interpretação mais consentânea aos conceitos de então, dando efeito vinculante à cláusula compromissória e tivesse efetuado uma construção jurisprudencial nesse sentido, como ocorreu em vários países latino-americanos poderiamos ter tido um passado diferente para a arbitragem no Brasil.. Veja, por exemplo, a legislação argentina, ela tem o mesmo texto de há muito. Atualmente, tanto a legislação argentina como a chilena estão em processo de atualização, mas sempre houve um entendimento de que arbitragem era para ser honrada, se prevista em contrato na forma de cláusula compromissória. Se a parte não indicava oárbitro, o Judiciário assim procedia, substituindo a parte recalcitrante. Mas não foi essa a interpretação dada pelo judiciário brasileiro, pois classificava a a cláusula compromissória como uma cláusula como outra qualquer. O judiciário só reconhecia o compromisso arbitral. Desta forma, necessitávamos de uma atualização no texto legal. E esse é um dos motivos do surgimento da Lei de Arbitragem, além da necessidade em de modernização e conveniência em harmonizá-la com a Lei

Modelo sobre Arbitragem Comercial Internacional gerada no âmbito da UNCITRAL, em 1985.

PESQUISADOR

Depois a gente pode voltar um pouco nisso. No caso das empresas nacionais, dentre aqueles clientes que a procuram como árbitra ou como advogada, dentre as vantagens clássicas da arbitragem, o que de regra leva o cliente, a empresa, a parte, a optar pela arbitragem?

SELMA FERREIRA LEMES

Primeiramente, o cliente deseja saber sobre a legislação.. Conhecer as regras e a jurisprudência, além, evidentemente, de enfocar a questão sob a óptica da análise econômica do Direito. Se existe a lei? Ela tem efeito vinculante? Qual é a interpretação do judiciário? A primeira informação é saber é se isso é factível. E se é operacionalizada de forma justa. Esta é a linguagem do empresário: conhecer as regras do jogo (legislação) e se há respaldo jurisprudencial (segurança jurídica). Afinal, a lei reina, mas é a jurisprudência que governa.

PESQUISADOR
Se realmente vai ficar na arbitragem.

SELMA FERREIRA LEMES
Se vai valer. No linguajar popular, vai valer? Vale e você demonstra. E o fator atrativo primordial é a questão econômica, da relação custo-beneficio e também do custo de transação. Porque o empresário sabe que se tiver que recorrer ao judiciário, dependendo da questão envolvida, e , sendo complexa, uma questão técnica, tem ciência que não tem como projetar o tempo e que tempo é dinheiro. (O empresário - você percebe isso muito nítido na postura empresarial: precisa conhecer as regras e quantificar os riscos. Se conhece as regras e aquelas regras são justas e são aplicadas daquela maneira, serve para ele. É uma opção que está sendo colocada, ele não tem nem preferência pela via judicial ou arbitragem. Ele quer saber se as regras são cumpridas e os custos envolvidos.

PESQUISADOR
Será que essas empresas que hoje tem procurado a arbitragem são empresas que tiveram más experiências no Judiciário, muitas delas em causas complexas, ou não há essa relação?

SELMA FERREIRA LEMES
Bom, você fala em empresas, mas deve considerar que também está tratando com advogados. Ou você está tratando com um advogado "in house" ou você está tratando com um advogado de consultoria externa. Percebe-se que se o advogado entende do assunto, ele vai verificar que aquilo é bom. Mas arbitragem não serve para tudo. É oportuna quando há questões complexas, questões técnicas envolvendo a controvérsia, bem como matéria comercial e empresarial. Não estou dizendo que a arbitragem é para a elite. Mas acontece que se você pensar em operacionalizar uma arbitragem na forma institucional, e sendo a controvérsia em torno de um pequeno valor, deve-se atentar para a instituição arbitral eleita. e que os custos sejam compatíveis. s. Parece que me desviei da pergunta efetuada.

A ARBITRAGEM EMPRESARIAL NO BRASIL

PESQUISADOR

Pela sua impressão, são empresas internacionais que não tiveram a experiência no judiciário brasileiro e apenas o temem por não conhecer, ou tem muitos casos de empresas que procuram a arbitragem porque em casos semelhante, antigos, lá não foram bem resolvidos, ou porque demorou, ou porque teve alguma insegurança?

SELMA FERREIRA LEMES

Eu não sei, mas penso o seguinte: quando você está tratando com uma empresa multinacional ela já tem uma tradição, conhece, porque isso já vem da matriz. É mais fácil você explicar e convencer. Empresa com advogado interno, pois tem boa noção de negócio.. O profissional verifica que a arbitragem é uma boa ferramenta opcional ao Judiciário. O empresário, às vezes, conhece, ouviu falar sobre o tema, mas sempre consultará seu advogado previamente.

PESQUISADOR

A opção efetiva ainda é do advogado?

SELMA FERREIRA LEMES

Sim. Às vezes o advogado não tem experiência em arbitragem e, também não foi treinado para isso. Temos que levar em consideração que sfomos (advogados) treinados para as liças forenses. Você não foi treinado na academia para ser um negociador, nem um conciliador nem para trabalhar com arbitragem. A tendência, parece-me inevitável, que haja uma mudança nas grades curriculares das faculdade de direito para introduzir as disciplinas de técnicas de negociação, mediação e arbitragem. Porque quer queira quer não, nós não fomos treinados para ser negociadores e gerenciadores de contratos. É importante fornecer essas novas ferramentas para os advogados. Você tem outras opções, você tem outras ferramentas para oferecer aos seus clientes. Não é só litigar no Judiciário. Pegar a procuração e acionar o Judiciário. Não se tem como avaliar o tempo da demanda.. O advogado precisa atentar para o seguinte: a arbitragem o beneficia de duas maneiras. Primeiro, a arbitragem é mais rápida. As estatísticas de algumas câmaras de arbitragem já revelam que para questões complexas a arbitragem demora de sete meses a um ano e dois meses. Na média são 7 meses. Desta forma, o advogado também auferirá seus honorários mais rapidamente. Segundo, abre nova área de trabalho para o advogado, ou seja, ele pode atuar também como árbitro.

PESQUISADOR

Neste ponto também se abre o mercado?

SELMA FERREIRA LEMES

Sim, abre um mercado muito grande. A presença do advogado no tribunal arbitral é imprescindível. As questões são complexas, e as partes se fazem representar por advogados. Se o árbitro for advogado saberá conduzir o processo arbitral de modo adequado, por exemplo, se um lado está tumultuando o processo, o árbitro advogado tem mais condições de separar o que é relevante, e coibir os excessos. Precisa conduzir a arbitragem - não com mão de ferro, porque isso não existe na arbitragem – mas com s diálogo, maior participação de todos no processo e decidir com autoridade, quando necessário... Você pode ter arbitragem com engenheiros, com outros profissionais, mas em determinadas situações eles ficam mais confortáveis se um advogado integrar também o tribunal arbitral.

PESQUISADOR

A Senhora estava falando, antes da gente começar, da questão da boa-fé. A Senhora ao ser nomeada como árbitra. O primeiro contato. O que primeiro a Senhora busca naquela causa? O que eu preciso aqui neste caso? Claro, cada um tem as suas especificidades. Mas qual a sua preocupação maior, o que eu preciso realmente entender, etc?

SELMA FERREIRA LEMES

Como arbitra, às vezesvocê analisa a questão pela óptica do demandante e parece que há muita consistência no pleito. Depois verifica a do demandado e conclui do mesmo modo. Mas é decorrer do processo, na fase de instrução, com a perícia (se for o caso), com as réplicas, com a prova testemunhal, que passa a ter condições de fixar sua convicção sobre a questão>, Verificar quem está certo ou errado. PPrimeiro você firma sua convicção e depois faz o enquadramento legal. Quanto à boa-fé e sua aplicação em largo espectro (deveres laterais de conduta), tem importância capital não só na arbitragem, mas também no processo judicial.

PESQUISADOR

E dado o resultado, em que uma parte perde. É do litígio ter sempre uma parte que saiu derrotada naquela causa. Como a Senhora vê, na média, a posição da parte que optou pela arbitragem e foi derrotada? Como é que ela encara? Ela respeita o procedimento ainda que não satisfeita?

SELMA FERREIRA LEMES

Na verdade ninguém gosta de perder. Mas como advogada, quando nosso cliente tem um bom direito. , que seu cliente tem razão, você está convencido daquilo e fez o melhor possível na defesa de seu cliente, você não gosta de perder. Mas o importante na arbitragem é você conhecer as regras do jogo, como mencionado. As regras são limitadas e não se tem a pletora de recursos do Judiciário. Portanto, é um risco consciente.Um risco de certa forma quantificado. Na arbitragem você pode escolher o árbitro e, para tanto, poderá indicar uma pessoa que tenha condições de avaliar a questão também sob a sua óptica. Você pode indicar como árbitro uma pessoa com o perfil adequado. . Esta questão está abordada no meu livro, no qual discorro sobre os princípios independência e da imparcialidade do árbitro e que foi objeto de minha tese de mestrado em direito internacional na USP.É importante notar que não existe pessoa neutra. Ninguém é neutro. Você é fruto de suas convicções políticas, religiosas, do meio em que vive, das suas crenças. Ortega y Gasset dizia que "nossas crenças, mais do que tê-las, as somos". Neste sentido, quando analisamos uma questão, esses fatores estão ínsitos ao nosso posicionamento e influenciarão na nossa decisão. . Agora, lógico, se a pessoa sabe que aquelas são as regras, ela tem que se conformar com a decisão final exarada.. E isso é algo de muito importante porque, a partir do momento que na arbitragem você não pode rever o mérito, só pode se apegar a uma eventual ação de anulação naqueles casos do artigo 32, é um risco quantificado.. Você corre os riscos e você corre os riscos porque você confia no árbitro.

A ARBITRAGEM EMPRESARIAL NO BRASIL

PESQUISADOR

A escolha do arbitro é algo fundamental?

SELMA FERREIRA LEMES

É fundamental a escolha do árbitro. Considero que uma boa sentença é a que decorre do bom senso no ato de julgar.. Porque você procurar o direito para tomar a sua decisão e verifica a coerência das condutas, asituação fática.. O que é justo neste caso? Foi certo o que foi feito? A parte tinha esse direito? O que estava estipulado no contrato? A pessoa foi avisada? Ele adotou uma conduta adequada para aquela situação? A questão passa a ser avaliada no seu conjunto e se verifica o que está correto ou não.

PESQUISADOR

Existe uma crítica, uma constatação de que talvez esteja começando a acontecer uma processualização demasiada da arbitragem, talvez desvirtuando a idéia inicial. O que a Senhora teria a dizer com relação a isso?

SELMA FERREIRA LEMES

Eu acho que nós, como advogados, temos que constantemente nos policiar.para não processualizar a arbitragem. Veja, por exemplo, a lei de arbitragem não tem nenhum artigo sobre procedimento. Ela dispõe sobre princípios. E isso que é importante na arbitragem e é isso que os regulamentos das instituições arbitragem perseguem ao fixar suas regras.. Obedecer ao principio do contraditório, do direito de defesa, da livre convicção do árbitro. Não se está vinculado aos rigores do processo civil. Na arbitragem, supletivamente, podemos aplicá-lo, mas não como regra imutável.. Não se pode esquecer que o processo civil é um meio para se atingir um fim e, não ao contrário, isto é, dar mais atenção à forma do que à substância. Determinadas figuras que se têm no processo judicial não há na arbitragem. Por exemplo, não há preclusão na arbitragem, salvo, evidentemente, quando o árbitro ressalta que os prazos serão atendidos na íntegra, mas sempre preservando o contraditório. . Na oitiva de testemunhas, todas são advertidas que tem o dever de falar a verdade. Assim está no Código Penal. No Código Penal está previsto o delito de falso testemunho perante tribunal arbitral.. Na arbitragem, há muitos que defendem, inclusive, que o representante legal deve ser advertido que tem o dever de falar a verdade, pois é um princípio ético-social e se aplica a todos.. Na arbitragem os prazos são flexíveis. Por exemplo, se você recebe uma petição intempestiva, não determinará que seja "desentranhada dos autos",... É lógico que o processo é monitorado, os prazos são para serem respeitados, mas há uma certa tolerância em razão das circunstâncias presentes.

PESQUISADOR

E preocupado mais em resolver efetivamente o problema lá levado, ou seja, a questão lá levada?

SELMA FERREIRA LEMES

Exatamente, resolver realmente o problema. Se uma parte junta um documento posterior e não com as alegações iniciais, o tribunal arbitral dará vistas à parte contrária e não está preocupado que não foi entregue antes.

PESQUISADOR

Para que a arbitragem se desenvolva mais, quais lhe parecem ser as barreiras que ela vai enfrentar? Quais os pontos mais complicados, onde ela pode enfrentar maiores barreiras para um desenvolvimento ainda maior do que o que já vem tendo?

SELMA FERREIRA LEMES

O primeiro passo é ter uma maior difusão cultural do instituto. E isso eu não digo apenas – primordialmente na faculdade de direito, evidentemente - mas algo para ser difundido em toda a sociedade, em outras cadeiras, em outras faculdades, como Economia, Administração de Empresas etc. E não apenas a arbitragem, como mencionado.. Mas a mediação, a negociação, conciliação etc. A primeira barreira é realmente a cultural, no sentido de difusão do instituto. De transmitir os conceitos corretos, de trabalhar a questão na Universidade. É muito mais fácil contar com a receptividade dos estudantes, que ainda não estão contaminados com o process, do que você tratar com advogados já formados há muitos anos. Não é a regra, mas muitos dizem que dependerão doárbitro; que demorará muito; que estão muito velhos para praticar a arbitragem; que sempre deu certo no sistema que já conhecem. Enfim, resistem a inovação e fecham as portas para as novas possibilidades do mercado de trabalho. Mas quando temos novas ferramentasque auxiliam, que são menos formais e chegam a um objetivo também comum, mais rápido e especializado e , que distribui Justiça, você tem que tentar utilizar estes outros métodos. Sem excluir um ou outro, sem excluir o Judiciário, haja vista que a . arbitragem só pode ser utilizada para questões referentes a direitos patrimonias disponíveis.

PESQUISADOR

Para essas causas, digamos assim, para o mercado aqui de uma maneira ampla, para a atividade de negócios, ou seja, aquela para as quais não só a arbitragem é possível como seria recomendável, realmente lhe parece um sistema mais vantajoso? Ou seja, a arbitragem tem pontos que podem, na visão das partes envolvidas, independentemente da vitória ou não, ser mais favorável?

SELMA FERREIRA LEMES

Penso que sim.. A arbitragem é adequada para as questões técnicas. Em geral, contratos empresariais. Na acepção da Análise Econômica do Direito apregoa-se que todo o contrato complexo é necessariamente incompleto, então fatalmente surgirão controvérsias. Os contratos decorrentes de atividades nas áreas de petróleo, energia, telecomunicações, construção civil etc a arbitragem é muito oportuna. E mais. A arbitragem por equidade. Permitindo que possam utilizar a equidade. Este é um ponto importante. A arbitragem por equidade é pouco utilizada no Brasil. Há um erro de interpretação muito grande com referência a arbitragem por equidade. Pensam que o árbitro pode tudo. O árbitro decidirá de acordo com o bom senso,com coerência e as regras da prudência, procurando a solução mais justa para o caso É a justiça moldada ao caso concreto. A decisão é fundamentada.. Tenho me deparado com questões práticas como árbitra, na área principalmente de construção civil e de contratos de longo prazo, e percebemos que se o árbitro estivesse autorizado a resolver por equidade, ele seria muito mais justo. Na área de construção civil e em outras envolvendo contratos de longa duração em que se preserva a relação contratual a decisão por equidade tem um papel importante. Notamos a existência de insegurança dos advogados. Temos a tendência de colocar tudo em um quadro, ou seja a subsunção do fato à norma. A arbitragem pautada no direito estrito passa a impressão que se conhece o quadro.. Dá-lhes mais confiança e segurança. Todavia, com ascláusas gerais, cláusulas abertas do novo Código Civil, tanto o juiz como o árbitro praticam a equidade corretiva, quantificadora, supletiva etc., mas a arbitragem substitutiva somente quando autorizado, o árbitro poderá invocá-la..Mas competirá ao árbitro decidir, pois mesmo autorizado a solucionar o conflito por equidade (substitutiva), se entender que o direito estrito é adequado, poderá adotá-lo justificando a escolha.

PESQUISADOR

Essas cláusulas tipo função social do contrato, boa-fé.

SELMA FERREIRA LEMES

Exato. A boa-fé e seus consectários, os deveres laterais de conduta, odever de informar etc.. São as cláusulas abertas

PESQUISADOR

A Senhora falou rapidamente da questão dos contratos incompletos. A arbitragem tem essa função de completar os contratos? Acaba-se tendo, no julgamento, essa preocupação?

SELMA FERREIRA LEMES

Sim, você pode pensar em termos de completar o contrato no sentido de interpretar o contrato. Você pode muito bem pensar no contrato como, naquelas questões que são omissas, assim como o juiz também. Na omissão do contrato o árbitro irá interpretá-lo tentando verificar sua racionalidade e o que foi a vontade das partes. Na área contratual acho que temos que tomar muito cuidado porque o árbitro não pode se colocar no papel de parte quando decide por equidade. Ele pode interpretar o contrato, entender o que o contrato quer dizer. Mas ele não pode se colocar no papel de parte e negociar como se parte fosse.

PESQUISADOR

Arbitragem e Economia. Na sua tese de doutorado a Senhora pesquisou esse assunto. O que a Senhora poderia dizer com relação a este aspecto: arbitragem e desenvolvimento econômico?

SELMA FERREIRA LEMES

Eu acho que está intimamente ligado. Intimamente ligado à arbitragem, ao desenvolvimento econômico. A economia se movimenta por meio dos contratos. Portanto, a arbitragem é uma peça, é uma engrenagem dessa máquina econômica. E a partir do momento em que você insere uma cláusula de arbitragem no contrato, sabendo-se que no futuro, naquele contrato, existindo algum problema, ele vai ser dirimido por arbitragem, que tem um foro especializado, célere, para resolver a questão (também o sigilo em determinadas situações é importante), você vai poder oferecer um preço melhor. Então do ponto de vista econômico você está aplicando o quê? Uma eficiência melhor ao contrato. E a minha tese desenvolvo o assunto na área pública. Demonstro que o Estado ganharia com isso. Ganharia a partir do momento que o custo de transação seria menor.

PESQUISADOR

A previsibilidade, então, é bastante importante. E dentro, digamos assim, das vantagens mais claras da vantagem? Estariam centradas aonde? Na questão da especialidade do árbitro e no fator tempo?

SELMA FERREIRA LEMES

Em ambos..

PESQUISADOR

E as partes, de uma maneira geral, vêm cumprindo as decisões arbitrais? Ou estamos criando uma cultura de em seguida ir ao Judiciário?

SELMA FERREIRA LEMES

Depende do perfil da pessoa. Se houver algum dos motivos relacionados no art. 32 da lei de Arbitragem, é um direito dela de propor a ação de anulação da sentença arbitral. Mas a simples irresignação não se justifica. Há a necessidade de se atentar para as regras que foram aceitas, ou seja, o juiz não poderá rever o mérito da sentença proferida pelo árbitro. Neste sentido, se não houver um motivo justo, a ação de anulação será julgada improcedente. Por isso constitui um equívoco argumentar : ""eu aceito a arbitragem e, depois, se perder, demando no Judiciário". Caso o advogado entenda que a arbitragem não é conveniente para aquele contrato, eleja o foro judicial. .

PESQUISADOR

Deixe eu lhe perguntar com relação à arbitragem institucional. De regra são três árbitros que compõem o tribunal. Como que se dá a relação entre os três? O trabalho entre eles? Acontece freqüentemente de um ter uma posição muito sólida de um lado e o outro de outro? Como é que se dá esse contato, essa relação? Como é essa operacionalização?

SELMA FERREIRA LEMES

Inicialmente se avalia a questão após as alegações das partes. Começa a fixar sua convicção. , . Geralmente, os membros do tribunal arbitral têm a mesma forma de pensar. Há uma certa tendência de chegar à mesma conclusão. Um pode ter um entendimento diferente sobre um ponto, mas às vezes, na conversa, os árbitros se convencem. Você tem razão. Coloca sob uma outra óptica e o colega entende. Pode ocorrer do co-árbitro mudar deopinião e resolver de maneira diferente. O árbitro tem a liberdade de decidir. Se o co-árbitro não concorda exara um voto divergente. Em todos os tribunais arbitrais em que tenho atuado a decisão geralmente é unânime.

PESQUISADOR

Há uma tendência de se tentar a composição?

SELMA FERREIRA LEMES

Sim, a composição entre os árbitros. Porque você vai percebendo que a maneira de pensar de um é igual a maneira de pensar de outro. Pode diferenciar às vezes que você está pensando em uma reparação, valores serem maiores ou menores, o prazo que você está decidindo, vamos julgar devido a a correção monetária, como vamos aplicar a

A ARBITRAGEM EMPRESARIAL NO BRASIL

correção, pesquisa-se na jurisprudência e, a seguir decide-se. Temos uma preocupação de ser simples e resolver a questão.. A sentença tem que ser lógica, clara e decidir a matéria.. Quando se inicia a redação de uma sentença arbitral inicia-se descrevendo os fatos, a situação , como os atos se entrelaçam. Em seguida, esclarece e decide invocando o enunciado legal apropriado. O árbitro não precisa provar nada. Ele decide. Ele precisa demonstrar por que decidiu daquela forma. Ele pode se respaldar na doutrina e na jurisprudência. Mas a partir do momento que você está extremamente convicto daquilo que você está falando, você desenvolve umu raciocínio lógico, demonstra porque que você acha que aquilo está correto. A decisão deve resultar na aplicação da lei com coerência. E, para isso, a sentença arbitral não precisa representar uma tese, mas, com simplicidade, decidir toda a matéria objeto da arbitragem. A sentença arbitral deve ser líquida, isto é, as partes devem saber exatamente como deverão cumpri-la.

PESQUISADOR

As pessoas que estão envolvidas com a arbitragem, sendo árbitros de uma maneira geral – e a Senhora é uma referência indiscutível no assunto – constituem um grupo pequeno. Isso facilita na hora do procedimento? Porque os árbitros são pessoas normalmente conhecidas, os advogados normalmente também são pessoas conhecidas, etc.?

SELMA LEMES

Realmente facilita trabalhar com pessoas habilitadas, responsáveis e compromissadas com o instituto jurídico da arbitragem., isto é, que sejam pró-ativas, que resolvam com brevidade, que atentem para os prazos e responda rapidamente quando assim for solicitado pelos demais árbitros. Também o conhecimento técnico é importante.. Às vezes você está trabalhando com profissionais de outras áreas e há troca de informações e complementações que facilitam o entendimento da matéria.. Com relação aos advogados, a figura do advogado na arbitragem é, imprescindível, como já mencionei.. Os profissionais que atuam com eficiência na arbitragem, sabem que necessitam ser objetivos O árbitro é remunerado, mutas vezes, por hora, equanto mais objetivo você for, melhor. A experiência como arbitra faz-nos ver, ao sentar do outro lado da mesa, que quando atuamos como advogados, às vezes, somos periféricos e deixamos de ir ao âmago da questão. Na arbitragem é necessário ser hábil em descrever e provar os fatos. Não é necessário tecer longas considerações jurídicasos fatos. Demonstre-os e prove-os.

PESQUISADOR

Voltando um pouco ao início. Lá a Senhora referiu que a arbitragem, se eu entendi bem, se insere em um contexto de mudanças que aconteceram na década de noventa e que ainda seguem acontecendo. A Senhora confirma isso? A Senhora colocaria a arbitragem dentro deste movimento de reforma, inclusive do próprio processo civil? A arbitragem é um pouco fruto disso?

SELMA FERREIRA LEMES

Sim, é fruto dessa influência. Porque a arbitragem está dando certo no Brasil? Porque ela chegou na hora certa. Ela chegou na hora que esses movimentos de renovação da prestação jurisdicional estavam se desenvolvendo. Então ela agregou, veio agregar valor a isso. Hoje já é incontaste. Você vê a posição do Judiciário referendando os conceitos – algo que nos tínhamos receio. Veja o artigo 8º da Lei: o princípio da autonomia, o princípio da independência da cláusula compromissória, o princípio da competência – competência do árbitro são conceitos extremamente modernos, baseados na lei modelo da UNCITRAL. E na hora que estávamos redigindo o anteprojeto de lei pensávamos como seria a interpretação da lei pelo Judiciário e o papel da doutrina de esclarecer e valer-se também do direito comparado. Vivemos numa época de mundialização do Direito, da globalização do Direito. Eu estou falando isso porque u acabo de apresentar minha tese de doutorado em Direito Administrativo e Arbitragem e vejo que o que aconteceu na legislação da Inglaterra, aconteceu na Espanha, aconteceu em Portugal, aconteceu no Chile, acontece no Brasil. É concomitante. Então é algo que seria inevitável.

PESQUISADOR
Então era algo do momento, era algo que estava para surgir?

SELMA FERREIRA LEMES
Era algo do momento. Estava latente. a A lei está completando 10 anos de vigência, e verificamos que há pessoas dizendo que a lei precisaria ser alterada, a lei é omissa nisso, porque a lei é omissa naquilo". Bom, primeiro que ela representou um avanço muito grande. Para quem estava na idade da pedra lascada, passou para a idade moderna, assim, em questão de pouco tempo, em 10 anos. Pode-se fazer um retrocesso e verificar como evoluímos.. E foi um avanço enorme. Alterar o texto da lei hoje penso que não seria bom; seria um desserviço. Por quê? Porque nós temos que deixar os conceitos se sedimentarem. Nós temos que ter os conceitos interpretados, somatizados na sociedade. Após um período de maturação pode-se pensar numsegundo estágio e alterar. Isso é uma experiência inclusive que ocorre internacionalmente. Veja, por exemplo, a Espanha. A Espanha tinha uma lei de 1953, uma lei ultrapassada.. Chegou em 1988, eles alteraram a lei. A mesma coisa como o Brasil. Com o aumento do comércio internacional, uma reivindicação da arbitragem muito grande. Novamente, em 2003 aprovaram um texto totalmente novo. Temos que sedimentar os conceitos que estão na leii, para daqui a alguns anos alterar e melhorar.. Note-se que muitas vezes a omissão no texto da lei ela é proposital. Não é porque foi uma falha. Quanto mais aberto for um texto legal mais moldável e atualizável será.. O momento atual é para trabalhar e difundir o instituto e não para alterar o texto legal.

PESQUISADOR
Professora: acho que era isso. Muito obrigado.

SELMA FERREIRA LEMES
Espero que seja útil.

PESQUISADOR.
Com certeza será.

Anexo B
Entrevista com Carlos Alberto Carmona

PESQUISADOR

Inicialmente, até por curiosidade – mas sem querer tomar muito seu tempo – mas como foi o seu contato com arbitragem? Onde surgiu esse interesse?

CARLOS ALBERTO CARMONA

Isso surgiu em 1980. Eu era aluno do quinto ano da graduação e eu fiz uma proposta de desenvolver um trabalho sobre arbitragem, sob a orientação do professor Guido Fernandes da Silva Soares, que faleceu agora recentemente. E ele me orientou e eu ganhei uma bolsa de estudos da FAPESP. Aliás, em 1980 eu já estava formado, foi meu primeiro ano de formado. E eu ganhei a bolsa de estudos. Depois eu consegui a renovação desta bolsa. Então eu comecei a estudar a arbitragem por conta desta bolsa de estudos que, inclusive, não foi da FAPESP não, foi do CNPq. E eu comecei por conta disso a estudar. O trabalho era extenso. Eu estava pretendendo estudar a arbitragem no direito interno, internacional, comparado e com o tempo a gente foi restringindo o estudo, pra que ele fosse um pouco mais profundo. E aí acabei tomando gosto pela coisa, e aí resolvi na pós-graduação fazer o meu doutoramento com esse tema.

PESQUISADOR

E a questão do anteprojeto da Lei 9.307/96. Como se deu a formação do grupo? Como foi a sua participação?

CARLOS ALBERTO CARMONA

Foi puro acaso. O que aconteceu foi que em 1990, a associação das empresas e dos advogados de Pernambuco e instituto liberal, eles fizeram uma reunião lá em Pernambuco(em Recife) pra discutir a questão da revitalização da arbitragem e determinaram que houvesse uma segunda reunião aqui em São Paulo, na Associação Comercial. E na reunião da Associação comercial me convidaram, convidaram a Selma, convidaram o Pedro, então estávamos todos nessa reunião. A Ada Grinover, Professor Magano se não estou enganado estava nessa reunião, enfim uma série de pessoas que estavam interessados na arbitragem. E aí perguntaram quem teria interesse de participar de uma comissão e redigir um anteprojeto. Aí a Selma, eu e o Pedro nos voluntariamos. Não nos conhecíamos. Então nós nos conhecemos nesta reunião. A Selma estava dedicada ao direito internacional. O Pedro era professor da Candido Mendes naquela época de direito comercial. Tinha publicado um trabalho sobre arbitragem. E a minha tese de doutoramento, que eu ainda não tinha defendido, era sobre arbitragem, na área de processo. Então ficou internacional, comercial e processo, pra fazer um anteprojeto. O Pedro no Rio, nós aqui em São Paulo. Naquela época não tinha e-mail, não tinha nada. Era fax. E telefone. Aquele fax que apagava, uma coisa horrorosa. Enroladinho. E a gente fazia. Inclusive o trabalho era assim: a Selma ia ao meu escritório e a gente redigia. Ligava para o Pedro e passava fax pra ele. Ele retornava com sugestões e a gente ia incorporando ao texto. E trabalhamos desse jeito. Em três meses fizemos o anteprojeto. E aí o apresentamos em uma nova reunião desse mesmo grupo de trabalho. A professora Ada Grinover fez algumas sugestões, as pessoas que também estavam discutindo, participando do projeto também fizeram algumas sugestões. Algumas foram colhidas e outras não. E no fim tínhamos um projeto pronto. E aí escolhemos o Marco Maciel, quer dizer a escolha foi mais do Petrônio Muniz.

PESQUISADOR
Eu até estou na busca do livro dele, mas não estou localizando.
CARLOS ALBERTO CARMONA
Ah, aquele livro é muito bom. Operação Arbiter. Você liga pra ele, se for o caso, e ele te manda o livro. Depois te dou o telefone dele pra você ligar. É excelente a obra dele. É nova; ele fez o ano passado. Mas ele conta todas as histórias, e com aquela verve, que você já imagina do recifense, que é aquela coisa mais bombástica, tal. É um excelente livro. É um pró-memória assim. Excelente livro, vale a pena ler. Muito, muito interessante. Vale a pena você ler, por que lá você vai encontrar muita coisa, inclusive datas, as emendas que foram sugeridas para arbitragem, as doze emendas, ele compilou todas. Então ele fez um trabalho assim, bem bacana.

PESQUISADOR
Quando saiu a lei eu estava na faculdade – mas eu me lembro que eu comprei o seu livro; na época ele era pequenininho, amarelinho – e naquela época se falava (a gente estava ali na década de 90, aquele período pós Collor) e era um período em que se falava muito sobre abertura comercial. Dá pra fazer uma relação mais direta da arbitragem com esse movimento de abertura econômica, esse momento mais "liberalizante"?
CARLOS ALBERTO CARMONA
Com certeza, com certeza. A arbitragem é produto neoliberal. Porque, na verdade, o que você tem é uma cultura brasileira toda ela voltada a Poder Judiciário e autoridade. Na medida em que você pretende resolver controvérsias fora do Poder Judiciário você precisa convencer – e isso é um movimento cultural –que esta forma de resolver litígios ela é garantística, é uma forma correta, é adequada, pra que ela possa surtir os mesmo efeitos que a sentença judicial. E isso foi realmente um passo na montanha porque ao falar em jurisdição as pessoas imediatamente ligavam com o Estado. E você defender, como eu fiz na minha tese de doutouramento, que além da jurisdição estatal você poderia ter outra forma de jurisdição, mas que era também um exercício de poder, é muito difícil. Também você convencer de que existe o poder também fora do estado. Este poder pode ser outorgado. A jurisdição é função. A jurisdição é poder. Mas é poder que você pode outorgar. Então essa

outra linha, essa outra vertente, ela se desenvolveu nos anos 80 a duras penas, porque não fazia parte da nossa cultura. Aí você tinha que estabelecer toda uma base de sustentação dessa lei arbitragem para que as pessoas pudessem ter confiança no mecanismo.

PESQUISADOR

E nesse panorama, as empresas de fora, as empresas estrangeiras – neste período o mercado começa a se abrir mais – houve, digamos assim, um incentivo por parte delas para o desenvolvimento da arbitragem? A arbitragem se desenvolveu, teve um maior impulso em seu desenvolvimento por conta destas empresas estrangeiras que estavam vindo?

CARLOS ALBERTO CARMONA

Olha, a minha experiência é particular, porque eu não tenho um conhecimento geral de estatísticas. Eu tenho muita arbitragem de empresas nacionais. Litígios nacionais, entre empresas brasileiras, que são resolvidos por arbitragem. Parece que o fenômeno é um pouco diferente. Porque há um descrédito muito grande no Poder Judiciário de um lado. E de outro há a necessidade de encontrar formas de resolver os litígios de forma mais rápida e mais barata. Mas mais barata em termos empresariais, quer dizer, no sentido custo-benefício. Então a arbitragem parece que funcionou bem para as empresas brasileiras que precisam resolver seus problemas e não podem ficar esperando a Justiça. Não creio que as empresas estrangeiras sejam as responsáveis pelo desenvolvimento da arbitragem aqui. É claro que num movimento macroscópico, o comércio internacional evidentemente é o grande propulsor dessa lex mercatoria, que acabou, também, sendo uma das vertentes da arbitragem. Mas a nossa lei de arbitragem, eu acho que ela é um fenômeno de dentro pra fora.

PESQUISADOR

Hoje, felizmente, a arbitragem já sedimentada, embora a luta seja constante, ao menos em alguns Estados. Passados estes dez anos já é algo já bastante solidificado, etc. Mas mais no início - e ainda hoje em certos aspectos - na sua impressão, dentre aquelas qualidades, dentre aquelas vantagens comparativas da arbitragem, quais seriam os principais pontos ou até o principal ponto que leva a empresa a decidir: "vou começar a colocar cláusulas compromissórias nos nossos contratos"?

CARLOS ALBERTO CARMONA

Acho que é a celeridade. Não tanto a especialização do arbitro, porque a empresa vê o arbitro nem sempre como um grande especialista pela matéria, mas como alguém confiável para resolver aquela questão. Então, se a questão é de um contrato internacional, um contrato nacional de produção disto ou de exportação daquilo, ainda que o árbitro não conheça bem a técnica de produção, não conheça bem o tipo de serviço, se ele é um sujeito que conhece bem contrato e tem um bom traquejo até mesmo em arbitragem, quer dizer, é um sujeito que consegue armar um bom processo, eu acho que isso, para o empresário hoje, tem um certo valor. Então eu estou avaliando que a celeridade hoje é o benefício maior. Embora, em termos teóricos, o que nós imaginávamos é que a especialização é que seria o motor. Mas acho que a pratica está revelando uma coisa um pouco diferente. Não é não.

A ARBITRAGEM EMPRESARIAL NO BRASIL

PESQUISADOR

Caso o Senhor fosse optar pela arbitragem, talvez o que lhe levasse a isso fosse a especialidade e menos a celeridade.

CARLOS ALBERTO CARMONA

Sim, a especialidade e menos a celeridade. Mas de fato acho que são dois fatores que se conjugam. Mas se eu tivesse que escolher um entre todos, eu escolheria a celeridade.

PESQUISADOR

E com base nessa observação, eu lhe pergunto: será que, entre outros fatores, o fato do Judiciário, em São Paulo, ser um Judiciário lento, bastante lento, não acabou contribuindo para um desenvolvimento grande da arbitragem em São Paulo?

CARLOS ALBERTO CARMONA

Eu acho que sim. Embora a idéia não seja fazer uma oposição entre arbitragem e processo estatal, porque são meios adequados distintos. Quer dizer, nem tudo que vai para o Poder Judiciário poderia ser resolvido pela via arbitral. Mas é claro que a crise do Poder Judiciário aqui em São Paulo ajudou bastante. Eu não tenho dúvida que isso foi também um fator de impulso. Não era uma coisa que tínhamos contabilizado, mas acabou acontecendo.

PESQUISADOR

Até como uma espécie de comparação; claro, naquilo que é arbitrável.

CARLOS ALBERTO CARMONA

Veja só. Você tem países que têm poderes judiciários muito bem desenvolvidos, por ter uma estrutura judiciária muito boa, como é o caso da Dinamarca, como é o caso dos países nórdicos de uma maneira geral, como é o caso do Canadá e até os Estados Unidos, que tem uma estrutura judiciária melhor do que a nossa, mais funcional, e ainda sim a arbitragem se desenvolveu muito bem. Então isso demonstra que não é a crise do judiciário e nem a crise do processo que levam ao desenvolvimento da arbitragem. Mas são mecanismos que andam em paralelo. Quer dizer, a arbitragem vai se desenvolver mesmo em países onde o judiciário funcione bem. Porque a idéia é de um sistema multi-portas, um sistema que me permita escolher outros mecanismos que não exatamente aquele estatal.

PESQUISADOR

A gente pega as próprias revistas de processos da RT – eu comecei a assinar quando eu estava na faculdade; acho que eu tenho desde ao número oitenta e poucos – e nesse período de 1990 começou a se falar muito em instrumentalidade, teve todas aquelas reformas processuais, antecipação de tutela, aquelas preocupações todas. É viável inserir a arbitragem, a Lei 9.307, também neste contexto? Também era o momento em que se estava pensando em, de alguma maneira, mudar o processo civil?

CARLOS ALBERTO CARMONA

Olha, a instrumentalidade, aqui em São Paulo, acabou tendo um impulso especial com a tese do Cândido Dinamarco, que defendeu em 1986 – foi a tese de cátedra dele. A partir dali a idéia de instrumentalidade acabou sendo uma verdadeira obsessão dentro da minha faculdade. E eu sou obsessivo. Então eu faço parte daqueles que vem o processo com uma necessidade absoluta de procurar resultados. O Cândido só potencializou, portanto, essa busca. A arbitragem não entrou nas reformas do Código de Processo, nem pelo Instituto Brasileiro de Direito Processual, nem pela AMB – Associação dos Magistrados Brasileiros, mas ainda sim ela se coloca dentro daquele contexto. Talvez tenha chegado exatamente o momento de se apostar em uma via alternativa. Note que o anteprojeto de arbitragem é o quarto em uma seqüência de anteprojetos desde 1980. Quer dizer, em 1980 tivemos um, em 1986 tivemos outro, em 1988 tivemos outro, e este é de 90. Esse, é claro, foi o único projeto que veio de bases populares. Todos os outros vieram de comissões montadas pelo governo. Mas ainda assim, você veja que já estavam mexendo com isso. Desde 1980 já havia um movimento que estava procurando uma forma de resolver controvérsias fora do Poder Judiciário.

PESQUISADOR

Curioso que a arbitragem é algo não-estatal e o projeto que vinga é o projeto que não partiu do Estado.

CARLOS ALBERTO CARMONA

Eu tenho certeza de que o Estado deve propiciar movimentos reformatórios, mas não se espera do Estado as propostas legislativas. Ao contrário. O Estado não tem setores tão especializados, que possam fornecer todo este material de trabalho. Então se espera que a sociedade contribua, sim. O Estado dá o movimento, o Estado procura organizar esses movimentos de reforma de lei. Mas joga para a sociedade. E para os especialistas na sociedade, pra que eles contribuam. Isso tem dado resultado no processo também. Hoje eu li uma entrevista que saiu aqui na revista da OAB/SP, de um professor, um excelente professor aqui da USP, que se aposentou, fazendo um contraponto a estas reformas. Dizendo que elas, na verdade, decorrem de um mau conhecimento do Direito, que nós temos estamos desvalorizando o Direito, perdendo um pouco de alguns os valores. São, na verdade, visões. Uma visão talvez mais clássica, antiga – um pouco ultrapassada, a meu ver – de imaginar uma ordem processual razoável. Às vezes muita teoria não leva a coisa nenhuma. E os nossos antigos tinham muita teoria. E o que fizeram foi isso que nós vimos. O processo hoje chegou a um beco sem saída.

PESQUISADOR

O próprio Ministro Athos Gusmão Carneiro, em uma palestra na Câmara Americana, disse isso: o código antigo era maravilho, era ótimo, muito bom. Ocorre que nós temos que abandonar um pouco a teoria e pensar também na prática.

CARLOS ALBERTO CARMONA

Passou o tempo de ficar fazendo lei bonita; agora é preciso que ela funcione.

PESQUISADOR

Na sua experiência, em que tipos de empresa mais vêm recorrendo a arbitragem?

CARLOS ALBERTO CARMONA

Olha não diria que são tipos de empresa. Diria que são tipos de controvérsias. Por exemplo: uma controvérsia que vai muito para a arbitragem é aquela ligada a sócios. Então acordos de acionistas. Aliás, a arbitragem – eu acho – é um dos meios mais adequados,

A ARBITRAGEM EMPRESARIAL NO BRASIL

se não o mais adequado, para resolver este tipo de controvérsia. Porque diminui um pouco o grau do litígio. As pessoas não têm a exposição da mídia. Isso não gera para a empresa o retorno do desgaste. Isso não vai repercutir economicamente contra a empresa. Então, essa parece uma causa bem adequada para a arbitragem. Litígios comerciais de uma maneira geral. Construção civil; isso tem bastante para a arbitragem. E parcerias, joint-ventures de todos os jeitos.

PESQUISADOR

E pra que se desenvolva mais ainda a arbitragem no Brasil. Se o Senhor tivesse que citar ainda algumas barreiras ou alguns pontos que ainda trancaria o seu desenvolvimento. O que faltaria pra desenvolver mais a arbitragem?

CARLOS ALBERTO CARMONA

Bom, eu acho que a arbitragem envolvendo o Estado ainda está mal definida. Nós precisávamos ter uma visão mais clara de possibilidades de participação do Estado na arbitragem.

PESQUISADOR

Na própria questão de PPPs, etc?

CARLOS ALBERTO CARMONA

Não só nas PPPs, mas de maneira geral o Estado na arbitragem. Precisaria ficar muito claro que uma vez que concorde em resolver litígios por arbitragem que ele não pode voltar atrás. Esse caso Copel parece que foi bastante (des)educativo, nesse sentido. A disputa foi muito (des)educativa. Gerando, talvez, a impressão de que o Estado possa questionar, depois de assinar o contrato, se estava ou não autorizado, se havia ou não havia lei que autorizasse a arbitragem, se o sujeito que assinou o contrato estava devidamente autorizado a tirar a causa do Poder Judiciário. Olha, se o sujeito estava autorizado a assinar o contrato, quem pode o mais pode o menos. Ele assinou todas as clausulas desse contrato. Acho que são situações que precisariam ser melhor definidas. Essa, a meu ver, ainda não está ainda muito boa. Nós precisaríamos ter um controle melhor sobre os órgãos arbitrais. Está havendo muita confusão, talvez protagonizada por órgãos arbitrais de menor quilate – você deve ter ouvido, Rio de Janeiro, Espírito Santo, Brasília.

PESQUISADOR

No Rio Grande do Sul aconteceu um pouco no interior, já está começando a acontecer.

CARLOS ALBERTO CARMONA

Desde a carteira do árbitro, até processos simulados.

PESQUISADOR

E aí gera descrédito, porque um caso desses chega ao Judiciário. Lá se anula uma cláusula dessa e aí já é um precedente para ser convocado lá na frente por outro caso.

CARLOS ALBERTO CARMONA

E aí você tem outro problema, que são as arbitragens trabalhistas, que também é uma coisa que precisa ser vista com uma certa cautela. Porque, como você sabe, as reclamações casadas acabaram sendo substituídas hoje pela arbitragem. Ou seja, é o mesmo método simulado de resolver controvérsia trabalhista por conta de uma atitude do Estado, de hiper proteção do trabalhador – que eu não nego que seja necessária, mas não dessa forma – de tal maneira que o sujeito, sabendo que se pagar só com recibo não adianta nada porque o empregado pode voltar com uma reclamação, ele instaura uma arbitragem. Na arbitragem eles fazem um acordo, homologam e ele tem, então, essa cobertura legal para essa transação. É claro, simulação. E isso vai acabar chegando ao Poder Judiciário (aliás, já está). E chega ao Poder Judiciário e desmerece a arbitragem da mesma maneira.

PESQUISADOR

Nesse tema, recentemente eu estava relendo aquele acórdão do STF, da homologação da Espanha, e naquelas trocas de conversas, não tão amáveis entre o Ministro Moreira Alves e o Ministro Nelson Jobim, numa hora o Ministro Jobim diz lá: "a arbitragem não serve para o direito do trabalho". Ele chega a dizer isso.

CARLOS ALBERTO CARMONA

Mas é essa a impressão, e isso é ruim. Porque que não pode no direito do trabalho? O direito do trabalho não é contratual? E na medida em que se colocam essas dúvidas, é claro que isso enfraquece o instituto. Porque aí, nos contratos coletivos, as empresas e os empregados contratam que vão resolver as questões todas por arbitragem, contratam um órgão arbitral neutro para poder resolver as controvérsias. Tem um problema, correm para o Poder Judiciário. Então como é que fica? E o pacta sunt servanda? E essas idéias de que você contratou, vai ter que cumprir. Então parece que isso também não está muito claro e precisaria haver um trabalho mais forte da doutrina. A jurisprudência está se formando ainda, mas a doutrina precisaria trabalhar um pouco mais forte para convencer os magistrados de quais são os limites. Eu não digo que tudo possa chegar à arbitragem. Mas é preciso encontrar os limites. Você veja que já existe uma posição, por exemplo, com relação aos contratos findos. Se eu tenho um contrato de trabalho findo, eu já sei que é possível arbitragem a respeito desta questão, porque o direito transformou–se em uma indenização. E indenização é direito disponível. Então nos contratos findos não parece haver grandes problemas. Mas você ainda tem alguns Tribunais Regionais que não estão aceitando muito bem essa questão.

PESQUISADOR

Existe até um preconceito, às vezes, além do próprio desconhecimento por parte de muitos.

CARLOS ALBERTO CARMONA

E aí um outro ponto, então: a questão do desconhecimento. Que, por incrível que pareça, a lei tem dez anos, mas tem muito advogado que não sabe o que é arbitragem. As faculdades estão começando, agora, a se mexer e muitas já criaram cursos, pelo menos semestrais, na graduação. Uma cadeira de arbitragem ou pelo menos de meios alternativos de soluções de litígios Que hoje me parece uma matéria importante. É preciso preparar também o futuro advogado ou operador do direito, como o promotor, ou juiz, para operar esses mecanismos adequados, que não estritamente o processual estatal, porque ele, mais cedo ou mais tarde, vai ter que lidar com isso. Na faculdade agora nós estamos tentando fazer um projeto de uma matéria, facultativa, sobre meios alternativos de solução de controvérsia. Na UNB, por exemplo, já tem. Há mais de ano eles têm essa matéria.

PESQUISADOR

É um período que o aluno está mais aberto, porque depois que a pessoa já está formada, já é advogado há 30 anos, passou a vida inteira, aí fica mais difícil.

CARLOS ALBERTO CARMONA

E depois, você vê, o que se divulgou sobre arbitragem, muitas vezes, veio sob aquela forma de curso de preparação de árbitros. Aquilo é horrível.

PESQUISADOR

É verdade.

CARLOS ALBERTO CARMONA

Curso de preparação de árbitro já deixa uma impressão, um gosto amargo na boca. Eu tenho alguma antipatia por esses cursos de preparação de árbitros. Cursos informativos sobre arbitragem, cursos de especialização: excelente. Mas o árbitro não se forma dessa maneira. É verdade que você pode potencializar a capacidade dele. Mas da maneira como esses cursos são anunciados, tem-se a impressão de que a pessoa vai sair com um diploma, de que vai sair arbitrando. E não é assim.

PESQUISADOR

E tem casos de propagandas enganosas.

CARLOS ALBERTO CARMONA

Enganosas. Enganosas mesmo.

PESQUISADOR

Na prática, como se dá normalmente a relação entre os árbitros, nestes casos de três árbitros. Como que funciona a arbitragem, a relação entre os árbitros? Há uma tendência em se tentar, na medida do possível, fazer com que estes três árbitros cheguem a uma decisão comum?

CARLOS ALBERTO CARMONA

Olha, o que eu posso dizer também é em termos de experiência pessoal. Eu, nas arbitragens em que atuo, sempre tendo a procurar uma decisão unânime, que fortaleça mais a decisão. E é raro não acontecer. Até hoje eu estive em uma arbitragem em que os árbitros discordaram. Em todas as outras – e já são vinte e seis – em todas as outras eu tive, não sei se sorte, mas nós conseguimos moldar uma decisão única. Discutir, procurar elementos até chegar uma posição. E é engraçado porque quem não lida com arbitragem tem a impressão de que o árbitro indicado pela parte vai estar lá para defender o direito da parte. Isso pode acontecer, quando ao árbitro não for bem preparado ou quando ele for uma pessoa insegura. Nestes casos, naturalmente ele vai tender a defender o interesse da parte que o nomeou. Mas também na minha experiência, talvez porque tenha lidado com árbitros excelentes, não vi, não assisti esse tipo de atitude, de parcialidade. Ao contrário, os árbitros nem se lembram por quem é que foram indicados. E, portanto, tomam uma de-

142   *Rafael Bicca Machado*

cisão correta. Isso, é claro, em termos de desenvolvimento da arbitragem é excelente, mas em termos de cativar um cliente é claro que não. Então o árbitro precisa pensar bem no que está fazendo, porque se ele tentar jogar com a platéia, quer dizer, se tentar melhorar a situação da parte que o indicou, é capaz até que seja indicado de novo, entretanto, você imagina a fama que este sujeito vai acabar tendo. E, na arbitragem, a reputação é tudo. Se você não tiver um bom árbitro, você está roubado.

PESQUISADOR
E é um grupo pequeno?

CARLOS ALBERTO CARMONA
É seleto, é pequeno e é boca a boca. A gente comenta tudo. Não do caso, evidente, que é sigiloso. Mas de comportamento, de capacidade. Isso tudo circula pelo "mundinho".

PESQUISADOR
E isso acaba sendo um mecanismo bastante efetivo de controle.

CARLOS ALBERTO CARMONA
De controle. É claro que é uma coisa muito dispersa, muito suave, muito sutil e nós estamos falando de órgãos arbitrais de alto gabarito. Então nestes, evidentemente, os árbitros basicamente circulam em todas as arbitragens. São os mesmos, os mesmos árbitros e, portanto, agente comenta: "olha, aquele ali não é uma pessoa que funcione bem; o sujeito é preguiçoso; ou atrasa muito ou então é muito impositivo". Você vai procurando, também, um grupo melhor, porque os árbitros é que indicam os presidentes. Então normalmente você vai formando certos grupos que tenham uma certa homogeneidade.

PESQUISADOR
Diante do caso, há uma preocupação de tentar, sobre um certo aspecto - no caso de contratos - tentar se apoderar do que os contratantes realmente queriam quando contrataram? Ou seja, há uma efetiva preocupação de tentar completar um contrato que lá atrás tenha ficado incompleto em um ou outro termo?

CARLOS ALBERTO CARMONA
Olha, eu acho que essa é a atividade de qualquer juiz. Quando você diz que os juizes devem julgar com eqüidade, não por eqüidade, esse julgar com eqüidade significa eqüidade complementar. E todo o juiz julga com eqüidade como o árbitro. Julgar por equidade não, eqüidade substitutiva. Mas eqüidade todo mundo julga com equidade e acho que a equidade está nisso, de interpretar a vontade, mais vale a vontade do que as palavras. E isso está na lei, está no Código Civil. Então eu acho que os árbitros procuram, talvez com mais ênfase do que o juiz, saber exatamente o que é que as partes contrataram. Qual era a essência do negócio. Eles têm mais facilidade de encontrar essas respostas porque têm mais tempo. Não só porque são pessoas que têm maior foco, são pessoas mais especializadas. O juiz pode ser especializadíssimo, mas ele não tem tempo. E o juiz é sempre o generalista na profissão. O árbitro não. O árbitro é um sujeito que está naquele "metier", é um sujeito que tem uma certa formação, e quem está compondo um painel em uma arbitragem que vai interpretar a cláusula, está certamente seguro de que seu trabalho é de

escavar e procurar, ali, a vontade que as das partes deveriam ter manifestado, mas que ficou um pouco escondida pelas palavras. Eu acho que na arbitragem é mais fácil fazer este trabalho, mas não acho que este trabalho seja diferente do trabalho de um juiz togado, que também deve procurar a mesma coisa. Uns com mais ferramentas, com mais tempo, e outros com menos.

PESQUISADOR
A tarefa seria a mesma?
CARLOS ALBERTO CARMONA
A tarefa é a mesma.

PESQUISADOR
Na sua experiência o que tem acontecido com a empresa derrotada na arbitragem. A que perde a arbitragem tem entrado com ações anulatórias, tem acontecido isso?
CARLOS ALBERTO CARMONA
Infelizmente, mais do que eu gostaria. Está se tornando quase um hábito. Perdeu, vai para o Poder Judiciário, para tentar a sorte. Agora, isso vai poder ser detido se os magistrados começarem a agir com mão firme e começarem a multar até como litigante de má-fé, aqueles que tentam, a qualquer custo, porque perderam, afirmar a existência de uma nulidade qualquer. Quem vai para a arbitragem naturalmente está apostando na decisão dos árbitros e, portanto, abriu mão de revisões, de discutir a interpretação que os árbitros deram aos fatos e ao direito e, portanto, a sentença tem que ser final. O artigo 32 ficou reservado para casos graves. Aquelas questões formais de natureza grave: a sentença que não foi completa, a sentença que foi além do que as partes queriam: nulidade da convenção de arbitragem, corrupção, prevaricação, isso são coisas muito graves. Então não pode ficar usando isso (...) que é o que estão fazendo. E aí chega o sujeito, diz que não gostou da decisão, inventa catorze quinze motivos para dizer que o laudo é nulo. Certamente isso tem que ser detido e o Poder Judiciário tem que ser firme com isso.

PESQUISADOR
Até porque a própria ação já é um incomodo. Ainda que o derrotado entre e perca, a existência da ação já é um problema, já é um custo.
CARLOS ALBERTO CARMONA
E você perde muitas das vantagens que você consegue aferir. O sigilo, por exemplo, vai embora. Se bem que, numa hipótese de que a parte vai ao Poder Judiciário para discutir, é porque também não vai cumprir amigavelmente Logo, vai te obrigar a propor uma ação de execução. Mas esse negócio de ir ao Poder Judiciário toda a vez que perde está se tornando um incômodo. Eu, particularmente, acompanho todas as causas que são propostas em demandas em que eu arbitrei, até pra saber o que está acontecendo e para acompanhar esta experiência. Até agora não tive nenhuma das minhas sentenças, de painéis de que eu participei, anuladas, modificadas. Nada.

PESQUISADOR

E, neste ponto, o reconhecimento dos árbitros é fundamental, porque se há de convir de que é bastante diferente anular um laudo seu, do que um laudo de uma pessoa desconhecida.

CARLOS ALBERTO CARMONA

As causas normalmente são complexas. O que vem para a arbitragem não costuma ser simples. É normalmente muito complexo. Então é preciso tomar cuidado para que o juiz não se confunda na hora de receber uma dessas demandas e acabe se convencendo por um argumento falacioso da parte, dizendo que aqui o arbitro não julgou tudo, não julgou direito, julgou além do pedido. É muito comum, por exemplo, você ter em arbitragens o termo de compromisso (ou termo de arbitragem) dizendo que esse aqui é o objeto do processo e que será melhor especificado. E na petição inicial as partes especificam melhor o pedido. Mas o pedido é tudo aquilo que está especificado e aquilo que as partes vierem a especificar. Então a gente tem que tomar cuidado de não tomar a parte pelo todo e nem o todo pela parte. Até para não haver confusão, dizendo "ah, o árbitro não julgou tudo ou então o árbitro julgou mais do que havia sido pedido". São pequenos truques que, na hora de ir para o Poder Judiciário – e os magistrados não têm essa prática, claro, eles não têm muito conhecimento de arbitragem – podem, eventualmente, cair em uma armadilha. Advogados mais preparados podem eventualmente criar cenário.

PESQUISADOR

E o problema da execução? Porque a sentença arbitral é título executivo judicial; mas se não cumprida, tem que ir para o processo de execução.

CARLOS ALBERTO CARMONA

Mas aí eu acho que é um problema insolúvel. Porque você não pode dar à sentença arbitral mais do que a sentença estatal. O limite é a própria autoridade da coisa julgada e a eficácia de título executivo. Mais do que isso não me parece muito fácil de imaginar.

PESQUISADOR

E algumas medidas extrajudiciais, para o caso de não cumprimento. Algumas sanções administrativas, por exemplo?

CARLOS ALBERTO CARMONA

Algumas sanções administrativas são perfeitamente cabíveis. Por exemplo, numa Câmara de Comércio, se o estatuto desta Câmara de Comércio disser que a parte que não cumprir de boa-fé a sentença arbitral ficará impedida de continuar a atuar no âmbito daquela Câmara de Comércio. Aqui em São Paulo, temos o juízo arbitral da câmara de mercadorias e futuros. Não é da Bovespa não; é da câmara de mercadorias e futuros. Eles têm lá uma cláusula dizendo que o sujeito que não cumpre espontaneamente o laudo arbitral fica impedido de continuar a atuar no mercado. Quer dizer, então você está excluído do mercado. Parece-me que estas são sanções legítimas. Multa por ir ao Poder Judiciário, eu tenho dificuldade em aceitar. É um exercício de um direito, existe o acesso ao Poder Judiciário, parece-me que aí nos estaríamos já desbordando o artigo 5º, inciso XXXV da CF e teríamos alguns problemas. Mas essas penalidades colaterais parecem-me perfeitamente razoáveis. E um órgão arbitral ligado a uma instituição vai ter mais facilidade de impor estas sanções, de executar essas sanções, do que numa arbitragem "ad hoc" ou do que um órgão arbitral que não tenha essas ligações todas. Então, quando as partes escolherem um órgão arbitral talvez também tenham em mira esta possibilidade de a sentença vir a ser importa. Mas uma coisa é certa. Sentença foi proferida, o árbitro acabou a sua função. Aí ele não tem mais o que fazer.

PESQUISADOR
O árbitro não tem que se envolver nisso.
CARLOS ALBERTO CARMONA
E acabou. Essas penalidades administrativas, na verdade, são mais do órgão arbitral do que do tribunal arbitral.

PESQUISADOR
A relação entre a arbitragem e o Judiciário: como se dá?
CARLOS ALBERTO CARMONA
Era o grande medo. O grande medo da lei de arbitragem era essa relação que existiria entre os juizes e os árbitros. Acabou sendo uma coisa muito mais tranqüila do que aquilo que se imaginava. Pelo menos o bom paradigma são essas ações antecedentes. As cautelares antecedentes que os juízes concedem; a parte avisa que não vai promover a ação principal pelo Judiciário; instaura a arbitragem; comunica o Poder Judiciário que instaurou a arbitragem e o juiz imediatamente diz: "bom, eu agora não tenho mais nada para fazer e agora os árbitros passam a decidir". Essa visão, que era preocupante, será que os árbitros vão poder modificar eventualmente a decisão, como é que vai ser, etc., isso tudo foi muito tranqüilo. Eu tive uma experiência interessante em que, ao final do processo arbitral, nós revogamos uma decisão tomada na cautelar. Então o Tribunal de Justiça aqui de São Paulo concedeu, em agravo, uma medida cautelar; os árbitros, logo no inicio da arbitragem, modificaram um pouco a medida, mas a mantiveram e, ao final, julgaram contra a parte que obteve a medida e a revogaram. Então como é que nós vamos fazer? Revogo a cautelar? Porque o processo estava lá. Então nós dissemos que revogávamos a cautelar, porque havia um depósito a ser levantado, e que as partes então se dirigissem ao Poder Judiciário, a parte vencedora informando a existência dessa sentença, e fizesse lá o pleito de extinção do processo, com o levantamento do dinheiro. E deu certo. O tribunal concordou e fez assim mesmo: "tendo em vista a sentença extingo e levante o dinheiro". E pronto. Então, tem que ser pragmático. Aí não tem regra. A gente ainda não tem, nas normas da corregedoria, normas de serviço; não têm procedimento específico, nem tem normas de serviço da Corregedoria. Então é preciso ser um pouco criativo, sensato e razoável.

PESQUISADOR
A arbitragem e o "mercado". Como, de uma maneira geral, as empresas vêem a arbitragem? Com relação pacta sunt servanda? Como lhe parece que as empresas vêem a arbitragem, obviamente naquelas causas em que ela é viável?
CARLOS ALBERTO CARMONA
Ai você vai ter que dividir um pouco. A empresa que tem seriedade na sua conduta e a empresa que sabe que está errada. A empresa que sabe que está errada já entra na

arbitragem pra criar nulidades. Ela já contrata o advogado para criar nulidades, sabendo que vai perder, para tentar ganhar tempo, para tentar levar a coisa adiante, fazer o mesmo jogo que faz o Poder Judiciário. Dar uma eternizada, portanto, na arbitragem. Agora, as empresas que querem mesmo resolver litígios pela arbitragem, se comportam de uma maneira completamente diferente. Elas mesmas reduzem prazos, elas facilitam o trabalho dos árbitros, apresentam desde logo documentos e arrazoados, as perícias são facilitadas. Então, depende muito de quem é que está litigando, do espírito envolvido e, mais do que tudo, da existência de espírito emulativo, que na arbitragem também vai ter. Certamente têm empresas que sabem que não tem razão. E aí vai entrar na arbitragem para tentar tumultuar. Já começa criando incidente logo no início, impugna árbitro, impugna procedimento, pede prazo aumentado, e aí vai.

PESQUISADOR
Pra trancar, pra fazer o que, via de regra, se faria no judiciário?
CARLOS ALBERTO CARMONA
Pra tentar se fazer o que se faria no judiciário. Já que não tem agravo, já que não tem recurso...

PESQUISADOR
Tenta impugnar pra deixar a coisa lá parada, pra depois adiante...
CARLOS ALBERTO CARMONA
Exatamente. Essas são as armadilhas. Bombas de efeito retardado. Larga as bombas de efeito retardado ali, quando vier sentença vai para o Poder Judiciário e fala: "olha, ali, ali e ali, eu deixei aquelas armadilhas" e aí explode toda a arbitragem.

PESQUISADOR
O pacta sunt servanda está muito em baixa hoje. Ao menos uma boa parte da doutrina jurídica brasileira bate bastante no pacta sunt servanda. Daria para dizer que, de uma maneira geral, esse princípio é mais respeitado na arbitragem? O contrato tem mais valor na arbitragem do que, na média, tem-se visto no Judiciário?
CARLOS ALBERTO CARMONA
Sabe que, em uma das câmaras aqui em São Paulo, é costume utilizar o seguinte: os árbitros não estão autorizados a julgar por equidade, aplicarão a lei brasileira e levarão em conta as regras do contrato. Quer dizer, até como advertência para os árbitros, que nem seria necessário. Mas até como uma advertência aos árbitros de que devem levar em conta, com cuidado, as regras do contrato. As regras do contrato, na verdade, é a lei entre as partes. Tem que ser levado em consideração. O problema é que há uma intervenção muito forte de vários setores do governo nos contratos. E as pessoas acostumaram-se a flexibilizar as normas contratuais. Então eu contrato hoje pra discutir amanhã a atenuação, a mitigação de uma determinada norma contratual. E isso é complicado. Também o contratante aceita, eventualmente, a sobreposição de cláusulas do contratante mais forte, porque é obrigado a contratar e, depois, isso aí é papo de aranha, porque não consegue cumprir o contrato, e aí vem ao Poder Judiciário pedir revisão. Então aí o fenômeno não é nem arbitral e nem processual. Talvez seja um fenômeno cultural. O que está acontecendo

afinal de contas com o nosso contrato? O contrato serve como orientação ou o contrato é realmente a vontade das partes? Porque na medida em que for uma mera orientação, as relações jurídicas ficam muito esvaziadas, né?

PESQUISADOR
Fica um ambiente de insegurança muito grande.

CARLOS ALBERTO CARMONA
Muito grande. Imagina agora com esse artigo 422, tudo é boa-fé, boa-fé, boa-fé, você não tem mais sossego. Qualquer coisa dentro do contrato fere a boa-fé objetiva, então se desmonta o contrato inteiro. É perigoso. Se realmente as pessoas começarem a endossar essa forma de ver a relação jurídica, tudo vai ficar um pouco instável demais. Na arbitragem ou no processo, tanto faz, eu acho que nenhum juiz, nenhum árbitro, deve embarcar nessa onda não. Dizendo que o pacta sunt servanda é velho. Não. O pacta sunt servanda é um bom princípio romano, que serve até hoje. Excepcionalmente, é possível rever o contrato, é possível identificar que a vontade foi manifestada de maneira desviada, é possível encontrar um erro, um vício de consentimento. Aí sim. Mas aí é uma exceção. E nós temos que olhar sempre a regra. E a regra é de que o contrato tem que ser cumprido de acordo com o que está escrito lá.

PESQUISADOR
O Senhor respondeu que, na condição de empresário, a principal vantagem que o levaria a escolher a arbitragem seria a celeridade, mais do que a especialização dos árbitros?

CARLOS ALBERTO CARMONA
Hoje eu acho que seria a celeridade. Hoje o valor maior é a celeridade. Mas é um valor maior para a arbitragem e é um valor maior para o processo também. Você está vendo que estão sendo desmontados muitos dispositivos de segurança no processo em prol da celeridade. E a arbitragem fornece, desde logo, esta celeridade que as pessoas estão buscando. Então talvez o primeiro chamariz da arbitragem seja a celeridade.

PESQUISADOR
Finalizando, como o Senhor vê – claro que é um pouco de especulação – os próximos dez anos? Nós estamos fechando dez anos. Como o senhor imagina os próximos dez anos?

CARLOS ALBERTO CARMONA
Como nos fizemos o anteprojeto, a gente imaginou que essa lei devesse durar quinze anos. O prazo de eficácia dessa lei deveria ser de quinze anos, pra que a gente pudesse testar, desenvolver o instituto e depois ver o que é que deu. Já se passaram dois terços do nosso prazo. Mais um pouco nós vamos começar a pensar talvez em reformar a lei de arbitragem. Eu acredito que a experiência deu certo. Acho que a lei de arbitragem precisa de alguns reparos, de algumas reformas. Têm dispositivos que a gente percebeu que devem ser retirados (como o artigo 25), tem dispositivos que precisariam ser melhor equacionados (por exemplo a convenção de arbitragem: acho que não precisa mais fazer distinção entre cláusula e compromisso; chegou o momento em que a gente pode ter só

148   *Rafael Bicca Machado*

a convenção de arbitragem e isso resolveria o problema da instituição de arbitragem), a arbitragem em relações de consumo ligados a contratos de adesão acho que poderia ser resolvida de maneira melhor, de tal maneira de que ao aderente fosse sempre facultativo, mas para o ofertante fosse sempre obrigatório. Então, eu acho que haveria clima pra gente fazer alguns reparos nessa lei de arbitragem, pensando já na lei para os próximos quinze anos. Quando chegar o término desses quinze, eu acho que estaremos preparados para fazer algumas sugestões. É uma coisa que a gente já tem pensado bastante, discutido, o Pedro, a Selma e eu. E agora o grupo aumenta porque os interessados acabaram se multiplicando. Tem a SEBAR, o CORIMA, o pessoal que está se agregando em volta das idéias de arbitragem e também estão sugerindo.

PESQUISADOR
Obrigado, Professor.
CARLOS ALBERTO CARMONA
Espero que sirva, você tem que filtrar depois evidentemente porque isso é muito coloquial (...)

Impressão:

Evangraf

Rua Waldomiro Shapke, 77 - P. Alegre, RS
Fone: (51) 3336.2466 - Fax: (51) 3336.0422
E-mail: evangraf.adm@terra.com.br